龍鳳ブックレット

弥生時代を拓いた安曇族 II

龜山　勝

表紙写真／諏訪部潤一郎

まえがき

本書は、二年前に龍鳳ブックレット『弥生時代を拓いた安曇族』(二〇一三年龍鳳書房)の続編二号として出版する。その主目的は前編を継承して、日本史の教科書にも出ていない弥生時代を拓いた安曇族の活動を紹介することにある。現代は、米づくり・物づくりが本格的に始まった弥生時代の延長であるにもかかわらず、また、考古学をはじめとする歴史研究者が数多くいるにもかかわらず、その弥生時代をどういう人たちが拓いたのかが解っていないのだろう。日本史の教科書に載っていないのだ。

ところで、先に出版した龍鳳ブックレットの読後感として友人などの評は、総じてまあまあだったかと思う。その評の中身は二つあった。一つは、気楽に読めたと言うものと、もう一つは、ページ数が少なく飽きが来る前に読み終えたと言うものだった。いずれも中身の論評にまで至っていないので執筆者としては苦笑せざるを得ない。

本書は、いまだに史実として歴史教科書に出されていない安曇族の活動を一般市民向けにわかりやすく紹介する。だから、平易な文で書くことを心掛けるつもりだが、作り話でないだけに、明確な根拠を示して、読者が史実として納得できる内容にしなければならない。そうすると、筆者の文章力では、どうしても資史料、その資史料を使って出て来た結果、それらの結果を基にした推察(考察)、という手順で述べることになり、科学論文に準じた仕立てになってしまう。

そういうこともあって、本書はできるだけ理屈っぽさを避け、平易な文を心掛けたつもりである。また、飽きが来る前に読み終えるページ数にし、内容を三章に分けて、各章関連することなく短時間で読み切れるようにしたつもりである。

本来だと、一般読者には、科学論文仕立てでなく、松本清張の推理小説仕立てや司馬遼太郎の歴史小説仕立てなどにすることが望まれるのだろうが、それは誰にでもできることではない。ここが難しい。そうかと言って、頭を抱えていただけでは、安曇族の活動が世に伝わらないし、弥生時代を誰が拓いたかわからないまま、これからも時が過ぎて行く。

第一章は、日本列島に渡来した弥生人が、事前に日本列島の情報を如何にして入手していたのか、第二章は「安曇族研究会」の会員から出た「自分は安曇族の末裔かもしれない」という興味への答えを探り、第三章は物事には背景があるので、その背景に照らしてみる大切さを示した。

蛇足を付ける。多くの歴史研究者は、自分自身の関心事を研究課題に選択するのだろうが、個人はそれで当然であろう。だが、関係学会など歴史研究者の集団全体を見渡した時、弥生時代をどういう人たちが拓いたのかという素朴な疑問に、どこからも答えが出されていないことは、「画龍点睛を欠く日本史」の思いがする。

本書は、弥生時代をどういう人が拓いたのかを示すことなく日本史を語る歴史研究者たちが読めば、おそらく一蹴したくなるだろうが、それはそれとして、広い世の中には真の識者も数多くいるので、彼ら彼女らに何か響けば幸いに思う。

著者

目次

第一章　二五〇〇年前　日本列島への航路

呉の海人、日本列島漂流譚

安曇族の起源が中国大陸の春秋時代に呉が越に敗れて福岡市の志賀島付近に退却した呉人だというところまではわかったとしても、では、呉人は事前に志賀島付近のことを知っていたのか、知っていたのであれば、どうやってその情報を入手したのか、という疑問が残る。この疑問には、二〇一三年に出したブックレット『弥生時代を拓いた安曇族』（龍鳳書房）で次のように簡単に触れた。

中国正史は、官が有しないで民だけが有していた情報は入っていない。たとえば春秋時代に、孔子と弟子との間でのやり取りをまとめた『論語』の中に、孔子が「住みにくくなったら、イカダで海の向こうの国へ行こうよ」と、訪問したこともない海の向こうの国のことを言ったと出ている。これは、官が有していなくて民だけが有していた情報の例だ。このように民はある程度日本列島の情報も持っていたと述べた。

また、拙著『安曇族と徐福』（龍鳳書房　二〇〇九年）で、呉人が中国大陸の江南から志賀島付近まで航海できる長さ二四メートルほど、幅一・五メートルほどの刳《く》り船（丸木舟）二隻を横に連結し、三〇トンばかり積載できる舫《もやい》船や孟宗竹（別名江南竹）でつくった三〇トン積載できる竹筏を持っていたし、航海術も持っていた。だから、呉人は当てもなく東シナ海に船を出して、志賀島周辺に漂着状態でたどり着いたわけではない、とも述べた。

加えて、現代でも中国の船が強風や海流に流されて日本列島付近に漂流し、日本の海上保安庁の船などが救助する事実がたくさんある。現代も二五〇〇年前も風や海流は、ほとんど変わらない。だから、二五〇〇年以前から中国大陸の海人が船で海上に出て遭難して日本列島に流れ着いたことはあったはずだ。それら漂着した人たちの中には、中国大陸へ帰った人もあったはずだ。それらの人の体験談が、長年、海人の間で言わばデータベースとなり蓄えられ、民の情報として共有されていたはずだ、とも述べた。

だが、これら過去の記録や現在の事実を並べただけの説明では、先の疑問に対する回答としてまだ実感がわかないようだ。そこで、本書では、まず、これらの記録や事実を基にして二五〇〇年以前に中国大陸の海人たちが、船で海に出て、風などに流されて日本列島に流れ着き、故郷に戻りたい気持ちをもった人が無事故郷へ戻って、日本列島の情報を得てデータベースが出来て行く情景を稚拙な創作話で表現する。

この創作話は、呉の海人などが、仲間とこんな話していただろうと想定したものだが、会話に出て来る人が誰だかわからないと混乱するから、便宜上識別するために、中国人らしく一文字で名前を付けて、帰国者を「帰」、友人仲間たちは、この際ひっくるめて「仲」と表す。

帰「俺がよ、孟宗竹でこさえた筏で長江の河口近くの海に出たときにな、明るいうちに戻り着くようにと思っていただ。だがな、帰らねばならねえ頃になって魚が釣れ始め、それまで獲物がなかっただけに欲が出て夢中になって釣っただな。気がついたら筏が陸から離れてただ。増水した長江から出て来る水に流されていた。こりゃまずい、帰らにゃいかんと陸に向かって漕ぎ始めたら、風がピューと吹いて来たんだ」
仲「お前、一人だっただな」
仲「西風か」

帰「そうだ。一人だ。しまったと思ったが後の祭りよ。筏は長江から出て来る流れと、西風に押されるように東へ流され出しただ。もう俺一人の力じゃどうにもならねえ、陸に向かうことは出来ねえ。しょうがねえから、あきらめてな、筏を流れと風にまかせて、流されて行く方向だけを見てただ。筏は東へ流されていたな」

仲「まだお陽さんはあっただな」

帰「うん。だが、そのうち筏の後ろに夕陽が沈んで真っ暗になってしもうた。陸は見えねえ。後は星さんを見てただ」

仲「星は北辰さま（北極星）か」

帰「そうだ。これさえ見てりゃ北は大体わかる。だから筏が東へ流され続けていることだけはわかっていただ。ただどこまで流されるのかわからねえもんでよ、疲れていても眠れねえのさ。星さんばかり見てただ」

仲「家のことも気になったんべ」

帰「そりゃあな。俺がいなくなると、子どもはどうなるだろう。女房や、親父、お袋、それに兄弟が心配しているだろうてな。どうしても生きて帰らねばと思ったね。そのためにゃ筏が流されて行く方向だけは覚えておかねばと、とろとろと寝ては、夜は星さん、昼はお陽さんを見てただ」

仲「西風は、何日ぐらい吹いただ」

帰「三日目の夕方になって、ようやく止まったな」

仲「どのくらい流されただ」

帰「そりゃわかんねえ。陸が見えてる間だと、俺が漕ぐ速さの倍ぐらい以上の早さだったかな。それで三日流され、そこから西へ向かって、ぶっ続けに漕いでも六日以上かかる計算だ。東風でも吹けば別だがな。だが、海の水が変わった。生まれて見たこともないどこまでも透き通って見えるきれいな水だ（透明度が桁違いに大きい黒潮系の対馬海流）。泳いでいる魚の群れも見える。風も暖かい南っ気になった。筏は海水の流れと南寄りの風に北へ向かって流され始めただ」
仲「ほう。昔聞いた竜宮城の話のような海だな」
仲「あの乙姫様が住んでる海か」
帰「言ってしまえばそうだな」
仲「それにしても、陽が沈んで、北へ流されていたこと、よくわかったなあ」
帰「年寄りの教えで、北辰さまを指させ、その指がだんだん上に向くようだと北へ向かっていると、これを思い出して、手を挙げて北辰さんを指さし、それが次の日は腕が上がったから北の方へ流されていることがわかっただ」
仲「そう言ゃぁ、お前と同じように、帰ってきた人の話があったな」
仲「よく年寄りに聞かされたもんだ。それもずっと昔の話だ。何十年も何百年も昔の話をな」
帰「必ずどこかに流れ着くと聞いてただ。そういう話が役に立っただよ」
仲「それで陸は見えねぇのか」
帰「見えねぇけど、陽が傾いてくると、ねぐらへ帰って行くらしい鳥の群れや雲の形から、陸か島が近くにあるなとはわかった。きれいな水に変わって、すぐ陽が落ちたもんで陸をこの目で見ることはできなかったな。次の朝になると、遠くに島（五島列島）らしいものが見えた。だが、筏はそこから遠ざかる方向に流されていたでな、近付くこともできねえ。あきらめただよ」

仲「飯はどうした」

帰「長江沖で釣った魚があった。それに底の方までよく見える海になると、筏が莚《むしろ》何枚分かあるような藻（流藻）と一緒に流れ始めただ。その藻にな、小魚が付いて泳いでいるし、下には大きな魚が泳いでいるだ。俺の筏の下にも大きな魚がついて泳いでいただ。だからな、その大きな魚を釣って食ったり、藻を筏の上に引き上げると藻に付いてた小さなエビが結構獲れるもんだ。その小エビを食ったりしたな」

仲「そうか。水はどうしただ」

帰「水は、いつも三日分ぐらいは筏に積んでいたし、できるだけ持たせるように少しずつ飲んだだ。夜露も集めたけど、あまり足しにならなんだな。魚の刺身や小エビの踊り食いだからだろうな、それほどのども渇かなかったな」

仲「それで陸に上がれたのは、何日後だ」

帰「そうだな。まる三日間風に吹かれて東に流され、きれいな海に入って北へ半日流され、そこから、さらに一日半ばかり北東へ流され、島が見えたが、近づいていくと東にも別の陸が見えたで、海の流れに乗りながら東へ向かって筏を漕いだだ。それが、一日弱だったなぁ、だから、陸（北部九州）に上がったのは六日後だな」

仲「陸には人がいたか」

帰「うん。俺らと同じように、海に出て漁をしている海人だ。言葉は通じなかったが、同じ海人仲間だから、身振り手振りで始めから仲良くなれたな」
仲「そこの海人は、どんな漁をしてただ」
帰「そうだな、女や子どもが磯や浜で貝や海藻を漁《あさ》ったり、男が潜ってアワビやサザエを獲ってただ」
仲「魚は獲らねえのか」
帰「小さな刳り舟（丸木舟）でちょっと沖に出て釣ったり突いたりしていたな」
仲「沖では釣りか」
帰「鳥が舞うと、その下に魚群《なむら》があるでな、その沖まで出て、魚を釣ったな」
仲「それで、お前はどうやって食ってただ」
帰「最初は、連中と一緒に貝を漁っていただが、そのうち竹で筏をこさえて沖に出て釣りを始めただ」
仲「竹はあるんだ」
帰「こちらにある孟宗竹のような太い竹はなかったが、ひと握りぐれぇの竹があった」
仲「そうか。その竹で筏をつくったんだな。漁は俺たちと同じようなもんかな」
帰「まあな。だが、ちょっと沖に出ると流れが強くてな」
仲「お前が流された流れだな」
帰「そうだ。で、その流れに流されると帰ってこれねえから、連中はあまり沖に出なかっただ」
仲「夜釣りはやってなかったのか」
帰「俺が行くまでやってなかったな。夏の夜は暑くて寝れねえもんで、俺は沖に出て火を炊いてみただ。

するると、イカが集まってきて面白れえほど獲れたな」

仲「ほう。それを知った連中驚いたんべ」
帰「そりゃあ驚いたのなんの、その時あたりから、竹で筏をつくって沖の夜釣りが盛んになったな」
仲「そうか、お前が教えただな」
仲「イカの夜釣りの先生だ。人気も出ただべ」
仲「風に吹かれて流されることはなかったか」
帰「そうよな、そこは気を遣ったよ。何しろ俺自身が流されて遭難してるからな。筏を二艘舫《もや》って沖に出るようにして、沖から陸がわかるように、女に火を炊いてもらった」
仲「そうよな、昼間は見えても夜は陸が見えねえもんな」
帰「陸が見える月夜の晩は、火を炊いても、イカや魚が集まらねえ」
仲「闇夜の晩に火を炊くんだ。それで風に吹かれて流されることはねぇのか」
帰「あったな。でも、それほど沖に出ないし、風は体でわかるから、仲間に合図してすぐ切り上げた」
仲「海人は魚が来ると、夢中になるからな」
帰「ただ、海流は体でわかんねえから、陸で火を二か所に炊かせて、絶えず火を見るように言ってただ」
仲「前と後ろの合わせ火だな。いろんなことを教えただな」
帰「そうだな。この浜でみんなと一緒に年寄りに教わった事ばかりだ」
仲「じゃあ、星を見て走る夜走りも教えたか」
帰「星がよく見える時化《しけ》の夜などに、北極星をみることを教えたな」

仲「遠くへ出たがる奴はいなかったのか」
帰「若い連中がだんだん遠くへ足を延ばすようになった。もともと連中のご先祖ははるか南の国から魚群を追って来たというから血が騒ぐらしい」
仲「事故はなかったか」
帰「あったな。北が吹いた時、筏は、海流の上流へ流された。何日も帰ってこないから、もうみんなあきらめてたらよ、二〇日ほど経ってひょっこり帰って来た。なんでも、星と太陽を見て、筏が風に流された方向を知り、流れ着いた先から星や陽を頼りに海の流れを使って帰って来たそうだ」
仲「どこ行ってただよ」
帰「それがな、どうも俺が遭難したとき、流されながら途中で見た島らしい」
仲「あの底まで見えるきれいな海の付近のか」
帰「そうだ。そんなこともあってな、だんだん海の流れがわかってきただ。俺なりにこの故郷の浜へ帰る途中の流れや風の吹く季節がわかってきただ」
仲「そこで三年ほど暮らして、家族に会いたいから帰って来たわけか」
帰「そうだ」
仲「帰りはどうした。流されたとき覚えていた方角を頼りに戻ったのか」
帰「まず新しく筏をこさえた。長江の沖から三日東に流され、そこから北へ半日、北東へ一日半、東に一日だから、帰る方向としては、まあ南西だ。でもな、俺がいたところ（北部九州）の沖には北の方へ流れる海流があるから、いきなり南西へ向かっても、北へもっていかれるから戻れねえ。北東の風は長続きしねえ。そこでよ、その海流がほとんどない陸や島に沿って南へ下がり、そこから先の南の方に陸も島も見えなくなったところで（五島の三井楽付近）、東よりの風を待っただ」

仲「さっきの若者が遭難してたどり着いた辺りだな」

帰「そうだ。彼らが教えてくれたようなもんだ」

仲「南から北へ流れる海流を横切るためだな」

帰「そのとおりだ。東向きの風が吹いて来たのでな、思いっきり筏を出しただ。俺がいたところにゃ稲がつくられていねぇから、竹と萱を使ってこさえた帆を広げて風をとらえながら、三日ばかり走ると陸が見えてきただ」

仲「ことつながっている陸だな」

帰「その陸を南へ下がる流れがあることは、年寄りに聞いて知っていたからよ、陸を右手に見ながら流れに乗って南へ下ると、懐かしい長江から流れ出た水に入ったんだ。後はよく知っている海だからみんなと会えたわけさ」

記紀が描いた海の航路

これで、海図がない時代に、中国大陸の江南地方の人が遭難した体験談などを積み重ねて、日本列島の九州との間の航路が開発されてきた経緯を体験談風にまとめた創作話は終わる。この創作話の基になる東シナ海で海流と風を利用した航路はおおよそ図1のようになるので、参考のため掲載しておく。次に、安曇族など日本列島の海人が、その航路を知っていたという証拠が記紀にあることを示す。

それは海幸彦と山幸彦の話だ。話の内容は、ご存知のとおり海で魚を獲るのが得意な兄の海幸彦と、山で獣を獲るのが得意な弟の山幸彦が、試しにお互いの道具の釣針と弓矢を交換し、場所も海と山を入れ換えてそれぞれが狩猟と漁労に出る。結果として、山幸彦は海幸彦が大切にしていた釣針を失う。弟が兄に返済をせまられて困っているところへ、塩土神《しおつちのかみ》が登場して航路を教える場面がそれである。この海幸彦・山幸彦の話と似た話は、東南アジアから中国大陸、朝鮮半島まで広範囲にあり、何も日本だけのものではなく、いわば輸入伝説の日本版である。

だが、記紀を通読しただけでは、その場面がどうして航路を示していると言えるのか、具体的にどこの航路をさすのかわからない。そこで、次に記紀の行間や表裏を読みながら、また、現実に照らして推理しながら解説する。

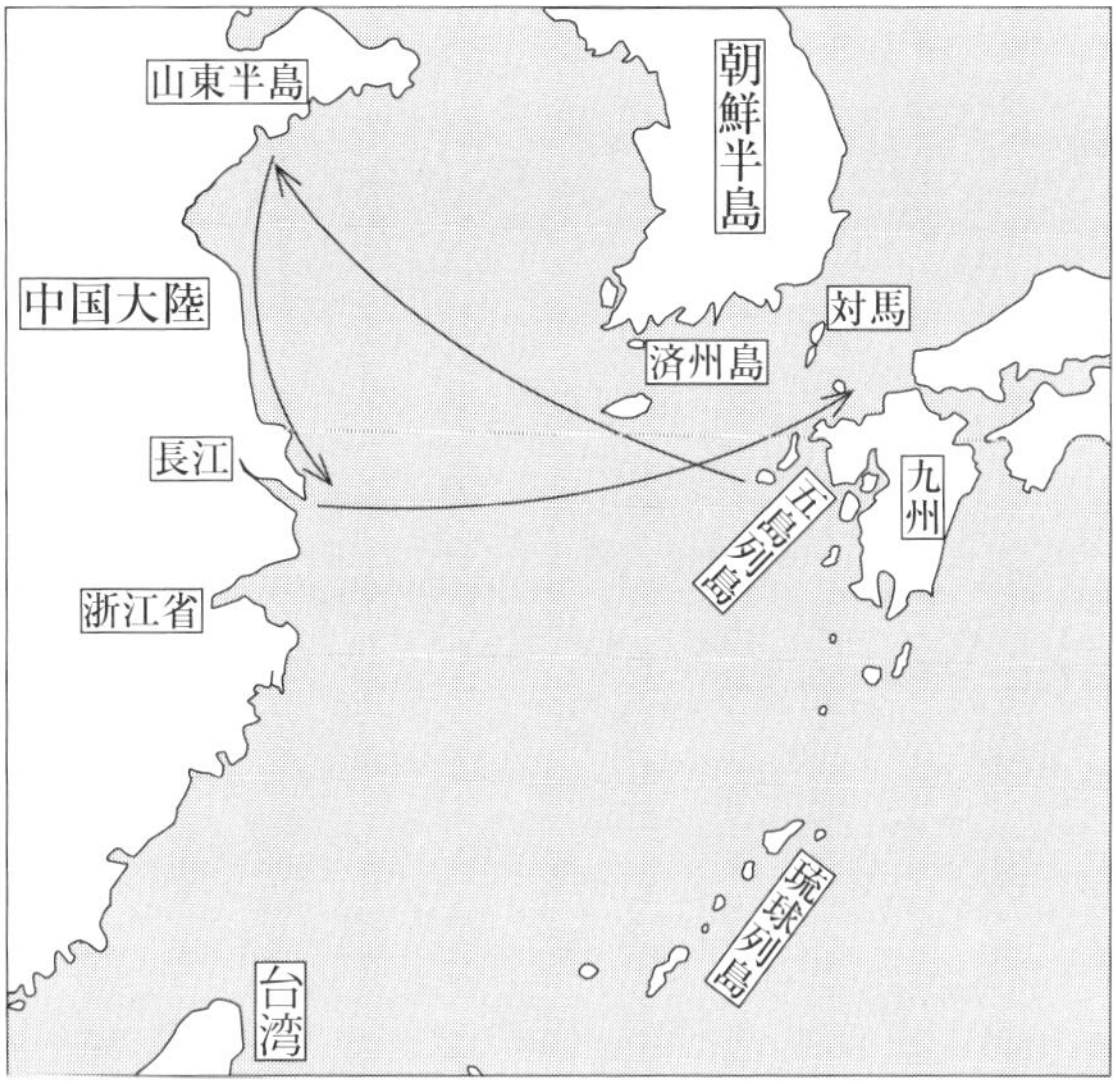

図１　東シナ海の航路

陸と違って、海には山坂や川のような障害物がないから、船は自由にどこでも通れるかというと、そういうわけにはいかない。効率よく走るにも、事故を避けて安全に走るにも航路はおのずから決まってくる。大きな推進力で走る現代の船でもそうだが、風と櫂に頼っていた時代の船は、なおさらのこと、航路は命に関わる大切なことなのだ。

海図はもちろん文字も使っていない古代に、命と結びついた航路を教わったり教えたりするには、現場で体験して覚えるか口伝えする以外にない。この体験の重要性は、現代でも海技免許を取得するには一定の乗船履歴を必須としていることからも理解できるだろう。

では、古代、どんな言い伝えがあったのだろうか。繰り返しになるが、日本最古の書である『古事記』と『日本書紀』は、編集時までに日本列島に伝わっていた話を系統立てたものだから、古代の航路を知る糸口がある。逆に言うと、この記紀に航路が記載されていれば、それは当時の海人の間に伝わっていたものに違いないということになる。

それでは、少々長くなるが、読みやすい現代語に訳してある梅原猛の『古事記』（学研文庫）から、航路を推理する上でかかわりがあると思える箇所だけを抜粋して、転載させていただく。ただしルビを除く（）内は筆者が付け加えた。

弟の火遠理命《ほおりのみこと》（山幸彦）が海辺で泣き悲しんでいらっしゃったときに、塩椎神《しおつちのかみ》が来て、「どういうわけで、虚空津日高《そらつひこ》ともあろう方が泣き悲しんでおられるのか」と尋ねた。

そこで火遠理命は、「わたしと兄（海幸彦）とが道具を交換して漁をしようとしたところ、兄から借りた釣針を、わたしが失った。すると、兄は、その釣針を返せというので、多くの釣針をつくって弁償したが、兄は受け取らずに、ただ『もとの釣針が欲しいのだ』と、いつまでたっても、いいつづけた。そこで泣き悲しんでいるのだ」と答えた。

すると、塩椎神は「わたしは、あなたのために、よいはからいをいたしましょう」といって、すぐに、隙間のないようにしっかり編んだ竹籠の船をつくって、その船に乗せて、つぎのように教えた。

「わたしがその船を押し流すと、ややしばらく行くと、たいへんよい潮の路があるでしょう。その潮の路に乗って行くと、魚の鱗のように光って見える御殿があります。それが綿津見神《わたつみのかみ》の宮殿です。その宮殿に到ったならば、門の側には井戸があって、その井戸の側には、神聖なる桂の木があります。（中略）」

……綿津見神は、自ら門のところに出て、火遠理命を見て、「この人は、天津日高《あまつひこ》の御子で、虚空津日高というかたである」とおっしゃった。

そこで、さっそく、火遠理命を家に連れて来て、海驢《あしか》の皮でつくった畳をたくさん重ねて敷き、またその上に絹の畳をたくさん重ねて、その上に火遠理命を座らせて、台の上にさまざまな食物を備えて、御馳走をさし上げ、すぐに娘の豊玉毘売《とよたまびめ》（豊玉姫）と結婚をさせた。そういう手厚いもてなしを受けたので、火遠理命は、三年間その国に住んでいなさった。（中略）

「……わたしが水を司っていますので、三年たったら、かならず兄さんは貧乏になるでしょう。もし、兄さんがそうなったことを恨んで、攻めて来たら、塩盈玉《しおみつたま》を出して溺れさせてしまいなさい。そして、降参して、どうか許してくれと、歎き求められたならば、塩乾玉《しおふるたま》を出して生かしておやりなさい。（中略）」

こういって、綿津見神は、塩盈玉・塩乾玉の二つの玉を火遠理命にお授けになり、そして、さっそく、鮫をすべて呼び集めになって、「いま、天津日高の御子の虚空津日高が、地上の国にいらっしゃろうとしている。誰が何日でお送りすることができるか返事をしなさい」と尋ねた。

すると、おのおのの鮫が、自分の丈が何尋《ひろ》あるかにしたがって、五尋の鮫は五日、三尋の鮫は三日とお答え申し上げた中で、一尋の丈の鮫は、「わたしは一日で送って、その日のうちに帰ってくることができます」と答えた。（中略）

そのころ、綿津見神の娘の豊玉毘売は、自分で火遠理命のところにいらっしゃって、「わたしはすでに身籠っているのです。いまちょうどお産の月です。天つ神の子を海の中で産んではいけないと思って、綿津見神の宮からここに参ったわけです」とおっしゃった。

そこで、さっそく、海辺の渚に、鵜の羽を茸草《かや》のように使って、産屋《うぶや》を建てた。しかし、まだ産屋が完成していないのに、お腹がふくれてどうにもならなくなった。

そこで仕方なく、未完成の産屋に入られて産もうとなされるときに、夫の火遠理命に、「一般に、他国の人は、子どもを産むときは、元の国の形に戻って産むものです。だから、わたしも、いまは元の形に戻って、子を産もうと思いますので、どうか、わたしを見ないでください」とおっしゃった。

それを聞いて、火遠理命は、不思議なことを言うものだと思われて、その子どもをお産みになろうとするときに、そうっとのぞき見をすると、わが妻はまことに大きな鮫となって、腹這いになって、這い回っておられた。（中略）

「……あなたは、わたしの形をのぞいて見てしまった。恥ずかしくって、もうお目にかかれません」とおっしゃって、豊玉毘売は、綿津見の国に行く坂を塞いで、帰ってしまわれた。

これで海幸彦と山幸彦の話の大筋はわかるかと思う。ところで、この種の話は日本だけにあるものではない。釣針を失った男が海中におもむき、帰郷してから釣針を貸した男に復讐する話は、先に触れたとおりセレベス島ミナハッサなどにもあるし、南洋のパラオ島にも同じタイプの話はある。似た話は太平洋をめぐる地域にひろく分布しているのだ（上田正昭『日本神話』岩波新書）。また、海の神の竜王が海底の竜宮に住んでいて、海の動物を支配しているという伝説は、中国の民間にもある。だから竜王の話は中国東海岸から西日本にかけてのシナ海をめぐる海の世界の神話的観念だといってよいと言う（大林太良『海の神話』講談社学術文庫）。

したがって、記紀にある海幸彦と山幸彦の話は、中国江南地方を含む東南アジアから日本列島に伝わって来たと受け止めて間違いない。現代のような通信手段がない古代、縄文・弥生の時代を通して、日本列島に話だけが伝わってくることはない。人が直接渡来して伝わったのだ。だから、その伝えた人たちが渡海した船や航路にかかわる話も何らかの形で日本列島に残っていたはずだ。

ところで、記紀は、あくまでも神話、伝説であり史実とは別だという考えもある。それらのことをここでは否定も肯定もできないが、何事も話をするにはそれなりのネタが要る。だから、先に示した広範囲に共通する伝説が海を介して日本列島へも持ち込まれ、それらをネタや下敷き、あるいは骨格として、記紀が編集された可能性はある。その中に史実を折り込むこともまぎれこむことも出来たであろう。平たく言えば、当時、日本列島に伝わっていた話を基に、当時交流していた中国大陸や朝鮮半島にあった話も混ぜて、編集依頼主の方針にそって日本列島の話としてつくられたものが記紀ということだ。

以上のことを頭に置いて記紀を見る。『古事記』が話を一つに絞っているのに対し、『日本書紀』は、当時、各地に伝えられていたことをそのまま残す形をとったのだろう。『日本書紀』の特徴は、海幸彦と山幸彦の話に「一書第一にいう」といった書き方で、「一書第四にいう」まで四つの説が書き加えられていることだ。この『古事記』の一話、『日本書紀』の本話と四説の五話、都合六話を基に、中国大陸から東シナ海を横断して北部九州に至る航路にかかわると思える箇所を拾い出し、現実に照らしながら検証する。

まず塩土神。『古事記』には、塩椎神《しおつちのかみ》、『日本書紀』には塩土老翁《しおつつのおじ》、塩筒老翁と出ているが、これらは同じだと扱って本書では塩土神と書く。塩土神について、倉野憲司は、『古事記』（岩波文庫　一九九七年）の注釈で、潮路を掌《つかさど》る神の意であろう、と言う。実際には、山幸彦へのアドバイスから推しても、おそらく経験豊かな航路に詳しい古老がイメージされる。

二番目に船。『古事記』に无間勝間之小船《まなしかつま》とある。『日本書紀』原典の一書に「所謂堅間　是今之竹籠也」とある。そんなこともあって、これを倉野は、目が堅く詰まった竹籠の小舟とし、梅原も竹籠と訳している。『日本書紀』には「無目籠」、「大目麁籠《あらい》」、「無目堅爲浮木」、「無目堅間小船」とある。これらは、目が詰まった竹籠と目の粗い竹籠、それに目が詰まった水の上に浮かぶ筏（宇治谷孟訳文『日本書紀』講談社学術文庫　一九九八年）の三種類に分けられる。ただ、『日本書紀』の五話を総合すると、いずれも竹籠や竹筏を海中に沈めて海神の宮殿に行くわけだが、その沈む途中にいい潮路があったり、沈んだ海底に井戸や小浜や宮殿があることは現実にはありえない。また、竹籠はともかく、浮力が大きい竹筏を海に沈めることも現実的でない。

その点、『古事記』では、梅原の訳文にあるように、船を押して流すと、大変良い潮の路に出る。その潮の流れに乗っていると海神の宮殿に着く、とあり海底でなく海面を利用したとあるだけに現実的な表現になっている。このように記紀に出て来る船と進路を現実的にとらえると、船は竹籠でなく竹筏、海は海中でなく海面利用と言うことになる。

三番目に海域（場所）。いきなり海中に沈んで宮殿などがある海底へ行く話は非現実的だから、一旦外す。そうすると、現実的な表現として、『古事記』に「味御路」、『日本書紀』に「怜御路」とある。これは梅原の『古事記』訳文で「たいへんよい潮の路があり、その路に乗って行くと綿津見神の宮殿に着いた。」とある。宇治谷の『日本書紀』訳文で「たちまちよい路が通じて、その路に従って行くと、ひとりでに海神の宮についた。」とある。これらは、流れに乗っていれば綿津見神の宮殿に流れ着くというのであるから、海流があることを意味している。

それでは、この海流がどこにあるかと言えば、竹筏の材料の竹林の分布が東南アジアから中国大陸、日本列島では九州、四国、及び本州の南側にあることから、寒流の親潮ではなく、暖流の黒潮とその黒潮から分かれた対馬海流に限られてくる。

次に、流れ着く先の綿津見神の宮殿がどこにあったのかと言えば、海幸彦、山幸彦の話の中に、綿津見神の宮殿で山幸彦は、綿津見神から潮の干満をコントロールできる塩盈玉と塩乾玉を授かる。そうすると、潮の干満が小さく二〇センチほどしかない日本海は該当しない。さらに、記紀に出て来る綿津見三神と住吉三神が筑紫の日向の小戸で同時に生まれたという記述から現在の福岡市周辺に限定される。加えて、記紀の時代以前から続いて現在まで代々綿津見神を主祭神に祀って別称龍の都とも呼ばれる志賀海神社が福岡市東区志賀島にあるので、塩土神に押し出された竹筏が乗った流れは、南九州の薩南海域から四国沿岸方向に流れる黒潮ではなく、五島付近で黒潮から分かれて日本海に向かって流れる対馬海流に絞られる。

写真１　浙江省の筏（『日本人はるかな旅４』NHK 出版より転載）

ここで、現代の記録をみる。浦林竜太の『日本人はるかな旅４』（ＮＨＫ出版　二〇〇一年）によると、浙江省奉化市の洪漁村（杭州湾）というところでは、二〇本ほどの太い竹を組み合わせた長さ二〇メートル幅二メートルばかりの竹筏で漁に出る（写真１）。ところが、潮の流れや風の関係で、漂流して九州沿岸あたりに流れ着き保護されることがよくあるそうだ。念のため浦林が海上保安庁に確認すると、一九六〇年代頃までは中国の浙江省や福建省から漂流してきた漁船を頻繁に救助したという回答があったそうだ。

また、浦林は、同書の中で、福岡県の玄界灘の海岸などで漂着物の研究をしている石井忠の話を次のように紹介している。石井は「浙江省」と刻まれた漁船のブイを手にして、中国浙江省の河姆渡あたりからブイが流れ始めると長江から吐き出された流れによって沖合に運ばれ、やがて対馬海流に乗って九州あたりに到達する、と話したと言う。

以上の塩土神、竹筏、対馬海流、竹筏の九州漂着などを基にして、先の稚拙な話を創作したというわけだ。考えてみれば当然だが、古代も現代も風や海の流れはほとんど変わっていない。だから、二五〇〇年以上前の時代にも竹があり、筏を造り、漁に出れば、遭難、漂流、漂着はあった。中には運よく帰還できた海人がいたこともあり得る。それらの海人の体験談が語り継がれていたこともあり得る。それらは官に伝わる情報でなく、民の海人の間に蓄積保有されていた。孔子は、多くの弟子を持ち、それだけ情報網が広かったので、海人の情報を入手できた、これもあり得る。

綿津見神の宮殿は阿曇族（安曇族）の国

ついでに、記紀にある航海・航路と綿津見神について、ごく簡単に触れる。宇治谷孟は、『日本書紀』（前掲）のあとがきで『古事記』は『日本書紀』より八年早く出たが、人によっては『日本書紀』が出た後に手際よくまとめたのが『古事記』だという学者もいる、と紹介している。これは山幸彦と海幸彦の話で航海・航路の項を読む限りうなずける説だ。記紀はその元ネタは同じものであり、『日本書紀』を資料にして現実に沿わせて『古事記』を書いたに違いない。

ただし、綿津見神及びその宮殿などになると、『古事記』も現実でなく空想の世界を書いている。この点、梅原猛は、『古事記』（前掲）の中で、『古事記』の中には散文的な部分もあるが素晴らしい詩劇と思われる点があることや、天つ神の子孫は、必ず綿津見神など原住民の娘を娶っていると指摘している。そう言われてみれば、山幸彦と海幸彦の話では、先の航海・航路の項が現実的であるのに対し、綿津見神の宮殿の項は、場面をがらりと変えて、伝承されて来た資料を基に、海底に宮殿があるという空想の世界を描き、綿津見神、豊玉姫、玉依姫などを山幸彦に絡ませた演出をしている。これは、転載させてもらった梅原の訳文を読むとわかるかと思う。

海底の綿津見神が治めている国の話は、十世紀ごろ成立したと言われる『竹取物語』にある、月に人が住んでいる話と共通している。この月世界の話を現代の科学で月には水がないから生物は住めないと扱ったのでは、詩的劇的情緒は出てこない。海底の綿津見神の世界もしかりだ。ただこの詩的劇的表現である空想の海底世界の描写にも、現実に即した暗示はある。塩盈玉と塩乾玉は海の干満を表しているし、豊玉姫が鮫であることは天孫族にとって異民族であることを知らせている。

また、『古事記』では海幸彦・山幸彦の話の前に、底津綿津見神・中津綿津見神・表津綿津見神、この三柱の綿津見神は阿曇連の祖神《おやがみ》、『日本書紀』でも底津少童命《わたつみのみこと》・中津少童命・表津少童命は、阿曇連等の祭神と出ている。要するに、阿曇連は綿津見神の子孫だと言っているのだ。ということは、航海・航路の中で流れ着く綿津見神の宮殿は阿曇族（安曇族）の国（根拠地）だと現実の世界を暗示して、その後、幕を変えて、海底の綿津見神の宮殿という空想の世界の話に移り、そこで天孫族の山幸彦が異民族（安曇族）の豊玉姫と結婚する。ここで再び幕が変わって、山幸彦の陸上の世界に戻って、豊玉姫が子ども（注1）を産む。ここでも、海底の世界は海を生活・活動の拠点としている海人の安曇族が治める世界であり、陸上は天孫族が治める世界であることを暗示している。なお、海底を治めている綿津見神は、安曇磯良、中国では龍王とも称される。

注1：豊玉姫から生まれた御子は、天津《あまつ》日高《ひこ》日子《ひこ》波限《なぎさ》建《だけ》鵜葺草《うがや》葺不合命《ふきあえずのみこと》。この御子と豊玉姫の妹の玉依姫の間に生まれた御子が、後の神武天皇という系統の想定になっている。

第二章　東北地方と安曇族

本章は、当初「アヅミ地プラス」と称することにしていた。わざわざプラスと付けた理由は次のとおり。筆者は、これまで全国で安曇族にかかわりがあると思える地名の地を踏査して、弥生時代の初期水田稲作適地で安曇族が水田稲作農耕民の入植に関与したと考えられる地をアヅミ地と称した。だが、安曇族が関与した地に必ずアヅミにかかわる地名を付けられたとは考えられない。別の地名で安曇族が関与した地もあったはずだ。だが、その手掛かりが見つけられないでいた。そうこうしているうちに、後述のとおり、アヅミにかかわる苗字を有する人たちの集落も安曇族がかかわった可能性があるとの示唆があった。

だったら、苗字から迫って安曇族に関与した地であると判断できればそれらの地もアヅミ地に入れていいのではないかと考えた。ただし、アヅミにかかわる地名の土地は移動しないのに対して、アヅミにかかわる苗字をもった人たちは移住する可能性がある。だから、これまでアヅミ地と称した地域とアヅミにかかわる苗字が集った集落とは分けて扱わねばならない。そこで、これまでアヅミ地としてきた地にプラスするという意味でアヅミ地プラスとしたのだが、実際とりかかると、自分でも気が付かなかった方向へ探索の矛先は飛躍してしまった。そんなこともあって、本章のタイトルを「東北地方と安曇族」に変更した。

その変更に至った経過はこれから順を追って記述して行くが、そうかと言ってこの章で安曇族に関する謎が解けたと言うわけではない。逆に謎が深まった話になる。例えて言えば、何とか入れる小さな穴を見つけて何気なく入ってみたら、とてつもなく奥が広がっている鍾乳洞だったことに気付いた人の心境に近いのかもしれない。もっとも、これは、謎深い安曇族と取り組んだ宿命とも言える。でも、考え方によっては、新たな謎は面白味の拡大でもある。そういう気持ちで読んでいただきたい。

鳥取県智頭町早野訪問

まず、現地訪問から記述する。

二〇一四年十一月十日、鳥取県八頭郡智頭町の早野《わさの》を訪ねた。なぜここを訪ねたかというと、同年六月、長野県安曇野市にある穂高神社で「安曇族研究会」の研究発表会が行われたとき、会員の安住修氏から「自分は東京生まれの東京育ちだが、何代かさかのぼると鳥取藩士で、さらにさかのぼると鳥取県八頭郡智頭町の現在安住姓が集合している早野集落出身らしいから安曇族の子孫かもしれない」といった旨の話が出た。そのとき、ことによると早野はアヅミにかかわりがある地名ではないが、アヅミ地プラスの可能性があるかもしれないと期待を抱いたから八頭町の早野を訪ねたのだ。

私は、当初、二日かけて早野と同じ八頭郡の八頭町にある日田の二か所を訪ねることを考えた。この日田にも安住姓が八軒集中していることをインターネットで知っていたので、寄ってみたかったのだ。この計画は、前日の十一月九日に大阪で開催された全国から集まる高校のクラス会に出席し、足を延ばして十日早野、十一日日田に行く考えだった。

早野を訪ねるには大阪駅を朝の九時二十四分発「特急スーパーはくと（注2）」に乗り、十一時二十八分に私鉄智頭急行線の智頭駅へ着く。それ以外の列車で都合がいいのはない。早野の最寄りの駅は、因美線の那岐駅だから智頭駅で因美線に乗換えねばならない。那岐駅は智頭駅から二つ目の駅で、早野は那岐駅から二キロほどだから歩ける距離だ。しかし、これだと智頭駅で乗換えに一時間半ほど待つことになる。限られた時間で行動する中で、この待ち時間はいかにももったいない。そこで智頭駅からタクシーで早野へ行くことを検討した。

タクシーだと時間に余裕が出る。智頭駅から早野に行って戻って来て、智頭駅を十二時五十六分に出る鳥取行列車に乗れることがわかった。そうすると、途中、十三時二十六分に鳥取県の郡家《こうげ》駅で降りて、一時間一〇分ほど待って十四時三十九分に私鉄の若桜鉄道に乗換えれば二四分で丹比駅に着く。そこから往復三キロほど歩けば、その日のうちに八頭町の日田にも寄れることがわかった。智頭駅から早野行きを列車じゃなくタクシーを使えば、二日の予定が一日で片づけられる名案なのだ。

図２　安住姓が集合している（★）智頭町早野と八頭町日田

注２：「スーパーはくと」は、京都と鳥取、及び倉吉間を結ぶJR西日本の路線だが、途中の兵庫県上郡駅と鳥取県智頭駅の間を智頭急行㈱の智頭急行線が乗り入れてつないでいる。

そうかと言って、このタクシーが智頭駅で待っているとは限らない。逆にタクシーを待つことになって時間をとられると名案も台無しになる。それで事前にタクシーの予約を入れておいた。後でタクシーの運転手に聞いた話だと、智頭町のお年寄りには、どこまで乗っても五〇〇円のタクシー券が月四枚出るので、時間帯によってはお年寄りの病院通いでタクシーが空いていないそうだ。智頭町のお年寄りには不便な思いをさせたかもしれないが、限られた時間での現地訪問する私としては、予約していたことは正解だった。

前日までぐずついていた天気も上がり、予定通り早野に着いた（図2）。この早野に安住姓が集中していることは、司馬遼太郎が『街道をゆく27』（朝日文庫）の冒頭に「安住《あずみ》先生の穴」と題した中で「早野は四二戸の内二二戸が安住姓だ」と書いている。私が訪ねたときは二九軒中一九軒が安住姓だった。これは「早野集落振興協議会」と書いた集落の戸別配置図に戸別姓が書いてある看板（写真2）から読み取ったものだ。いずれにしても早野集落は安住姓が多いことは確かだ。

写真2　智頭町早野30軒中（□白）、19軒の安住姓（★）

早野の集落は、車がすれ違えるぐらいの一本の緩い坂道が川と並行するように山の方へと向かっていた。それがメインストリートで、先の看板で見ると、そこから枝分かれした裏道が山芋の蔓のようにメインストリートにからむ形で走っている。写真2の地域図でもわかるように、早野の集落は、川に沿って道路と家が並行している。その家と道路の間に細い溝があり、とどまることのない豊かな水が斜面をほとばしっている。気を付けてみると、各家庭にはその溝から水を引き込むような跡があっ

写真３　智頭町早野の家庭導水

た（写真3）。跡というのは、現在、この洗い場より水位が低いから洗い場が使えないのだ。それでも溝を流れ下る水量は豊かだったが、以前は現在よりもっと水量が多かったことを洗い場の跡が示していた。

早野を流れる川は、この溝も含めて日本海へ流れ込む千代《せんだい》川の支流の土師《はじ》川のさらに支流だ。後でタクシーが土師川沿いを走っているとき運転手に聞いた話だと、上流にダムができる前までは土師川の水量がもっと多くイワナ釣りなどが盛んだったそうだ。だから、ダムが出来る前までは、水量が今より豊かで、道路沿いの溝から各家庭が洗い物など生活に使う水を引き込んでいたのだ。

早野では、タクシーで走れるところまで走って、集落が途切れるところまで登って行きたかったのだが、集落をしばらく上ったところで河川改修工事が行われており、その工事車両が道路をふさぎ、そこから先は交通規制でタクシーが入れなかった。やむなくタクシーを降りて歩いて少し上ったが、集落はまだまだ続いており、帰りの時間も気になるのであきらめた。それでも早野集落は、山麓にあって安住姓が集中し、豊かな湧水の水源をもっていることだけは確認できた。

私が主張している弥生時代の始まりの初期水田稲作適地の条件は、海から離れた内陸部の山麓にあっ

写真４　智頭町早野航空写真

て、川を通じて海とつながっており、豊かな湧水があり、山の谷間から棚状の谷田（沢田）が存在している地だということだ。この日の早野集落訪問で、谷田以外の条件を有している地であることが確認できた。

谷田の存在については、現地に立っても、一望できるポイントがなければなかなか確認できない。これをカバーしてくれるのは、国土交通省やグーグルアースがネット上に公開している空中（航空）写真だ。空中写真は、帰宅後、早速国土交通省の空中写真を見ようとすると、何でも二〇一四年三月で閲覧を終了したとあり、引き継いで国土地理院が提供していると言う。国土地理院が提供しているのであればと思いネット上をあれこれ早野集落地域を探索していたら一九七六年に撮影された航空写真が出て来た。お陰様で山から早野集落の方へ五本ほど谷田（棚田）があることを確認出来た。グーグルアースでも確認できた（写真４）。これで早野地区が、私が主張する初期水田稲作適地の条件を満たしていることが確認できたわけだ。そうかと言って、安住姓と安曇族との関係がわからないので、早野地区をアヅミ地やアヅミ地プラスと言うわけにはいかない。

十二時過ぎにタクシーで智頭駅に戻った。予定していた十二時五十六分智頭駅発郡家着十三時二十六分の列車には間があるので駅前で昼飯を食って予定通り郡家行きの列車に乗った。郡家駅から次の予定地八頭町日田の最寄りの駅丹比《たんぴ》まで若桜鉄道で行くのだが、郡家駅での待ち時間が一時間一〇分ほどもあった。駅前にタクシー乗り場はあったがタクシーの姿は見当たらない。おそらくどこかに電話番号でも書いてあって探して掛ければ来るのかもしれないが、この日の予定としては十五時〇三分に丹比駅で降りて、目的地の日田まで往復三キロほどの距離を歩き、丹比発十六時二十分の郡家行きの列車で戻ってくればいいわけだから、時間は十分ある。日田行きをそう急ぐ必要がない。それに天気がものすごくよかったので、生まれて初めての郡家駅の周りを散策し時間をつぶして列車を待つことにした。

丹比駅へ向かう列車の窓から千代川の支流八東川《はっとうがわ》と田園風景を見ながら、予定通り丹比駅に着き地図を片手に日田へ向かって歩いた。八東川に掛かった橋を渡って右手に曲がり少し歩くと、日田の集落の入り口に着いた。そこには、先の智頭町の早野と同じように、日田案内と書いた集落の戸別配置図があった。七〇戸ばかりの氏名が出ているが、その中に安住姓は一軒もない。インターネットでは日田に九〇戸ほどあって、その中に安住姓の宅が八戸ほどあることになっていたはずだけにどうも納得できない。この件について、帰宅後、再度ネットで調べると、この案内板にある集落から三〇〇メートルほど住居のない空間を経た西に安住姓は固まってあることがわかった。案内板が日田集落全体を示していると受け止めたばかりに、悔やまれる現地踏査となった。ただ、安住姓がない日田集落を一通り歩いて、丹比駅へ戻りながら日田集落方面へ目をやったときに、少し離れたところにある小さな集落を遠目に見ていた。その集落に安住姓があったのだ。この地は、後の山がストンと平地に落ちた地形に見えたので、「この集落は、後にある山が急峻過ぎる」とメモしていた。帰宅後、グーグルアースで調べると、八東川から安住姓集落を挟んで五〇〇メートルほどのところに標高三五八メートルの山が八東川に並行して連なっている。八頭町日田の安住姓集落は、急峻な山を背に一五〇メートルほど前に八東川を臨む細長い平地にあるのだ。だから弥生時代の初期水田稲作適地に結びつきそうな地形ではない。言い換えると、凡ミスの現地踏査だったが、アヅミ地とは言えそうにない地形であることだけはわかった。これも現地収穫の一つだったことになる。

　これで現地訪問記を終え、話を元の八頭郡智頭町の早野に戻す。今回の現地踏査で早野地域が日田地域と違って、弥生時代の初期水田稲作適地であることがわかったと既に述べたが、そうかと言って安曇族にかかわるアヅミ地プラスだと断定することも、また、安住修氏の祖先が安曇族にかかわる人だったかどうかを判定する材料も現地から入手することができなかった。そこで何か手がかりになればとの思いで、安住姓に関連してアヅミに類する音で書かれる姓について調べてみることにした。

アヅミ系苗字

　まず、丹羽基二の『日本苗字大辞典』（芳文館　一九九六年）を図書館で開いて見た。そこには、姓氏の呼称について次のとおり記してある。

・氏（うじ、し）は、古代における血族を中心とした豪族の集団。
・姓（かばね、せい、しょう）は、氏に付けられた地位を示す称号。
・姓氏（しょうじ、せいし）は、氏と姓を合わせたもの。

・名字（みょうじ）は、中世における家名で、多くは同名の土地支配に由来する。
・苗字（みょうじ）は、現代の家名。

これに従うと、これまでこの章で安住姓と呼んで来たが、安住苗字と呼ぶのが適切と言うことになるので以降、姓ではなく苗字と称することにする。この丹羽の『日本苗字大辞典』は、三〇万弱（二九万一五三二）の苗字が三巻に分けて収録されており、図書館で持ち運ぶのもその重さだけで大変だった。この三〇万については、たとえば「安積」のようにアズミ、アツミ、アヅミ、アサカと四通り読める苗字の場合、一々読みを確認しないで四つの苗字として扱っているので実際の四倍になる可能性がある。だから、この『日本苗字大辞典』の苗字は多いのだなどの批判もあるが、それはともかく、丹羽が、日本の苗字の由来は、約八五％が地名、その他は、職業、職名、屋号、佳字、当て字などと指摘している。この八五％についての根拠は示されていないが、おそらく苗字を調べる過程において捉えたものだろうから地名と苗字の結びつきが大きいことだけはわかる。

そう言えば、神戸に伯父さんがいて、横浜にも叔父さんがいる九州の人が、三軒とも同じ苗字である場合を例にすれば、神戸の伯父さん、横浜の叔父さんと地名を付けて分けて呼ぶことがある。場合によっては、オジサンを略して「神戸は何と言った」とか「横浜に連絡したか」など地名だけで両者を区分することもあろう。そうやって考えると、苗字が地名と結びつきやすいことが理解できて丹羽の地名の八五％が苗字になるということもうなずける。

その丹羽が挙げているアスミ、アズミ、アツミ、アヅミと読む苗字は（以下、便宜上アヅミ系苗字と称す）表1に掲げたとおりで、アスミが一四、アズミが四六、アツミが四一、アヅミが一〇、総計一一一苗字

表１　日本苗字大辞典（丹羽基二）に掲載されているアヅミ系苗字

アスミ				アズミ									
1	阿隅	11	安墨	1	(亞墨)	11	阿閉	21	(安隅)	31	**安津見**	41	東海
2	(阿寿見)	12	吾住	2	(阿基)	12	(阿墓)	22	**安見**	32	(安墨)	42	(敦海)
3	阿寿美	13	浅海	3	**阿隅**	13	**阿墨**	23	**安住**	33	(安量)	43	曇
4	阿住	14	**明日見**	4	(阿済)	14	(握美)	24	(安純)	34	(英積)	44	**熱海**
5	(阿須美)			5	(阿寿美)	15	**渥海**	25	安心院	35	**温海**	45	有住
6	阿墨			6	**阿住**	16	**渥見**	26	**安澄**	36	**吾住**	46	佗美
7	安海			7	**阿澄**	17	**渥美**	27	**安棲**	37	**厚海**		
8	安黒			8	(阿積)	18	**渥味**	28	安栖	38	**厚見**		
9	安澄			9	**阿泉**	19	**安海**	29	安積	39	**厚美**		
10	安宅			10	**阿曇**	20	(安角)	30	安宅住	40	**厚味**		

アツミ										アヅミ	
1	(羹見)	11	渥海	21	安積	31	厚美	41	佗美	1	阿積
2	(憨海)	12	渥見	22	安宅住	32	厚味			2	阿墓
3	(阿基)	13	(渥実)	23	安津見	33	**執見**			3	安積
4	阿住	14	渥美	24	**安曇**	34	(熱海)			4	安積里
5	阿澄	15	渥味	25	安量	35	祥雲			5	**安泉**
6	阿積	16	安海	26	英積	36	敦海			6	安津見
7	阿墨	17	安見	27	猿女	37	**敦見**			7	安楢
8	握	18	安黒	28	温海	38	熱海			8	安量
9	(握見)	19	安住	29	厚海	39	**熱見**			9	英積
10	握美	20	安心院	30	厚見	40	美見			10	熱海

注１）：網掛け文字は　重複（43 苗字）
２）：下線は　アヅミ系苗字以外の読み多用（16 苗字）
３）：括弧内は全国の電話帳でゼロ苗字（22 苗字）
４）：太字（30 苗字）だけを対象とした

が漢字で示されている。それらをアヅミ系苗字として扱うと、重複している漢字が四三苗字あり（表網掛け）、その中から安宅や東海など、アヅミ系苗字として読むより「アタカ」や「トウカイ」など他の読み方の方が多いと思える一六苗字（表下線）を除くと五二苗字になる。この五二苗字について、全国の電話帳を基に作られたインターネットの苗字検索サイトを使って全国の該当戸数を調べた。

結果は、二二の苗字に該当なしの検索結果が出たので、それらも対象外扱いとして残り三〇苗字についての全国合

表2　アヅミ系苗字全国戸数

1	安海	153	11	阿住	14	21	厚見	190
2	安見	235	12	阿泉	8	22	厚美	30
3	安住	493	13	阿曇	1	23	厚味	35
4	安澄	3	14	阿墨	9	24	執見	1
5	安棲	3	15	渥海	1	25	敦見	15
6	安積	510	16	渥見	45	26	熱見	1
7	安津見	1	17	渥美	2,650	27	熱海	405
8	安泉	5	18	渥味	5	28	温海	2
9	安曇	43	19	渥実	4	29	吾住	7
10	阿隅	41	20	厚海	141	30	明日見	11

計戸数を表2に示した。これがアヅミ系苗字一覧になる。この中にも安積のように「アツミ」と呼んだり「アサカ」と呼んだりする例も含まれているが、これらも含めて戸数が多い順に一三苗字を採りあげて、都道府県別に並べて表3に示した。

なお、これらのネット上の検索サイトは、電話帳を基につくられたものだから電話帳に登録されていない世帯は出てこない。それでも大多数の人が電話帳に登録しているから、このサイトは、アヅミ系苗字を基に安曇族と地域とのつながりを調べる糸口を捉えることは出来るだろうと判断した。

ここで、表1から表3までの説明とそこから読み取れることを簡単に述べる。

表2に示した三〇苗字を本書ではアヅミ系苗字と称する。文字の構成をみると、40頁のとおり、一音一文字表示、ア+ヅミ（ツミ、ズミ、スミ）、アツ（ズ、ス）+ミに三分できる。谷川健一はアを単なる接頭語と扱って、スミは潜る意だから海人を指すと言い、また、楠原祐介他はアツ、アヅ、アズを崖、崩崖の意をもつ地名などと言っているが、本来、アヅミ系苗字は音を文字で表わしたものだから、文字そのものに意味をもたせることには無理がある。人によっては、浜名湖を淡ツ海と称したことからアワツウミ→アツウミ→アツミになったなどと考えるだろうが、これらは、いずれも明確な根拠を示せないだけにこじつけに過ぎない。だから、ここではアヅミ系苗字の文字表示

表3　都道府県別アヅミ苗字

		A 世帯数 (万戸)	B アヅミ系苗字計	B/A × 100	1 渥美	2 安積	3 安住	4 熱海	5 安見	6 厚見	7 安海	8 厚海	9 渥見	10 安曇	11 阿隅	12 厚味	13 厚美
	全国	5,354	4,758	88	2,650	510	493	405	253	190	153	141	45	43	41	35	30
1	**北海道**	267	276	**103**	87	10	95	31	1	1	18	21	0	12	0	0	0
2	青森	57	7	12	2	0	3	2	0	0	0	0	0	0	0	0	0
3	岩手	42	22	52	8	0	0	11	2	0	2	0	0	1	0	0	0
4	**宮城**	78	905	**1,160**	**265**	**34**	**222**	**259**	1	1	**106**	3	0	**15**	0	0	0
5	秋田	42	8	19	4	0	2	2	0	0	0	0	0	0	0	0	0
6	山形	39	11	28	8	0	0	3	0	0	0	0	0	0	0	0	0
7	**福島**	70	116	**165**	4	17	7	**10**	0	0	1	**52**	6	0	0	0	**18**
8	茨城	113	40	35	10	6	4	8	54	2	1	3	4	1	0	0	1
9	栃木	76	20	26	5	3	1	4	3	1	1	1	2	2	0	0	0
10	群馬	77	24	31	11	1	3	0	5	6	1	1	0	1	0	0	0
11	埼玉	294	128	43	58	11	12	15	5	15	4	5	4	3	1	0	0
12	千葉	259	79	30	43	7	10	9	6	3	1	2	2	0	0	0	0
13	東京	634	220	34	128	18	17	19	13	6	4	13	7	1	0	0	6
14	神奈川	396	187	47	98	16	23	12	12	4	5	10	11	4	0	3	1
15	新潟	85	11	12	5	6	0	0	1	0	0	0	0	0	0	0	0
16	富山	39	4	10	1	1	2	0	0	0	0	0	0	0	0	0	0
17	石川	44	14	31	3	0	1	1	3	9	0	0	0	0	0	0	0
18	福井	27	8	29	7	0	0	1	0	0	0	0	0	0	0	0	0
19	山梨	33	11	33	7	0	0	1	1	1	0	2	0	0	0	0	0
20	長野	81	26	32	15	9	1	1	0	0	0	0	0	0	0	0	0
21	岐阜	75	33	44	7	15	0	0	0	8	0	2	0	0	1	1	0
22	**静岡**	145	1,366	**942**	**1,322**	5	1	4	0	**29**	1	0	4	0	**36**	0	0
23	**愛知**	291	341	**117**	**286**	**11**	6	3	1	5	1	0	1	0	3	**28**	0
24	**三重**	74	178	**240**	**161**	5	1	1	0	**10**	0	0	0	0	0	0	0
25	滋賀	51	9	17	2	3	0	2	3	0	0	1	0	1	0	0	0
26	京都	112	40	35	11	22	2	0	40	4	0	1	0	0	0	0	0
27	大坂	393	132	33	36	63	11	1	20	11	0	0	0	0	0	1	0
28	**兵庫**	236	322	**136**	14	**225**	7	1	**12**	**45**	0	**22**	0	1	0	2	3
29	奈良	56	14	25	5	4	2	0	3	2	0	0	0	0	0	0	0
30	和歌山	43	13	30	7	5	1	0	3	0	0	0	0	0	0	0	0
31	**鳥取**	22	44	**200**	0	0	**43**	0	3	0	0	0	0	1	0	0	0
32	島根	27	4	14	0	0	2	0	5	0	0	0	0	0	0	0	0
33	岡山	78	14	17	1	4	0	0	0	3	0	0	0	0	0	0	0
34	広島	124	32	25	6	1	1	0	1	2	1	0	1	0	0	0	0
35	山口	64	27	42	5	0	1	1	0	18	2	0	0	0	0	0	0
36	徳島	32	5	15	0	2	0	0	0	1	0	0	0	0	0	0	1
37	香川	41	15	36	1	1	0	0	4	0	0	0	0	0	0	0	0
38	愛媛	63	1	1	1	0	0	0	4	0	0	0	0	0	0	0	0
39	高知	35	3	8	3	0	0	0	0	0	0	0	0	0	0	0	0
40	福岡	219	23	10	4	2	8	3	1	2	0	0	1	0	0	0	0
41	佐賀	31	7	22	1	0	3	0	0	0	3	0	0	0	0	0	0
42	長崎	61	5	8	5	0	0	0	6	0	0	0	0	0	0	0	0
43	熊本	73	3	4	2	0	0	0	1	0	0	0	1	0	0	0	0
44	大分	51	4	7	0	1	1	0	20	0	0	2	0	0	0	0	0
45	宮崎	50	1	2	0	0	0	0	0	0	0	0	1	0	0	0	0
46	鹿児島	78	5	6	1	2	0	0	0	1	1	0	0	0	0	0	0
47	沖縄	56	0	0	0	0	0	0	1	0	0	0	0	0	0	0	0

注 1)：太字は１万戸当たり１戸以上アヅミ系苗字が存在しているので本調査対象にした
　2)：但し　北海道は明治維新以降の開拓入植者につき本調査の対象から外した

から意味を読み取ることはしないで、単にアで切るか、アヅで切るかの二分化はできるとだけ指摘しておく。

・一音一文字表示

安津見、明日見、

・ア＋ヅミ（ツミ、ズミ、スミ）

阿曇、阿隅、阿住、阿泉、阿墨、

安曇、安海、安見、安住、安澄、安棲、安積、安泉、

吾住、

・アツ（ズ、ス）＋ミ

渥海、渥見、渥美、渥味、渥実、

厚海、厚見、厚美、厚味、

執見、敦見、熱見、熱海、温海、

表3は、アヅミ系苗字の全国戸数を示したものだが、ここで注目されることは、全国の電話帳に、阿曇苗字が福岡市東区の志賀島にある志賀海神社の阿曇宮司だけしかないことだ。もっとも、これは電話帳にある苗字だけだから、実際には、同じ福岡県大川市にある風浪宮の宮司も阿曇苗字だし、ネットで阿曇を検索すると、本名か芸名かはわからないが阿曇凛という実験劇場あずみ企画で演出をしている若い女性をヒットした。だから全国くまなく探して阿曇苗字が一戸だけというわけではないが、戸数が極

めて少ないことだけは確かだ。

だが、阿曇氏は、『古事記』に「阿曇連は綿津見神《わたつみのかみ》の子で、宇都志日金拆命《うつしひがなさくのみこと》の子孫なり」と出ているし、また『日本書紀』では神代の項に「底・中・表津少童命《うわつわたつみのみこと》は阿曇連らがお祀りする神」として登場するのをはじめ、応神天皇の項に「命令に従わない各地漁民を鎮めたのは阿曇連の先祖の大浜宿禰」として、履中天皇の項では天皇継承争いに巻き込まれ入墨の刑を受けた阿曇連浜子、天智天皇の項では百済救済や白村江の戦いにかかわった阿曇比羅夫連や新羅に遣わされた阿曇連頬垂《つらたり》の名があり、天武天皇の項では八色《やくさ》の姓《かばね》を賜った阿曇連がいる。

その他にも、阿曇連の伝説的祖先としての阿曇磯良《いそら》、『肥前国風土記』には景行天皇に随行して長崎県五島の土蜘蛛を従わせた阿曇連百足《ももたり》、『播磨国風土記』には孝徳天皇へ石海《いわみ》の里（兵庫県太子町）で豊作した稲穂を献上した阿曇連百足など数多く阿曇氏は登場している。当然血がつながった子孫も数多くいるはずなのに、また、言わば名門の阿曇氏なのに、現代のアヅミ系苗字の中に阿曇苗字が全国で一戸余りというのは奇異に感じられる。

姓（ここでは苗字と同義）の変化の経過はややこしい。時代によっては、その人の功績に対して天皇から姓を賜る賜姓《しせい》があり、八・九世紀には改姓賜姓が頻繁に行われ、七〇一（大宝元）年の大宝律令、七五七（天平宝字元）年などの令制《りようせい》の施行以降に賜姓が増えたという。その一方で、一八六八（慶応四）年に「松平」の姓の使用を禁止した例のように特定の姓禁止も行われている。この使用禁止は、少し趣は異なるかもしれないが、プロ野球やサッカーの世界で、偉大な功績を残した選手の栄誉を称えて、その選手が使用していた背番号を永久に欠番とする考えと相通じるところがあるのかもしれない。

賜姓は、その後も、例えば、徳川家康の窮地を救うなど陰で支えていた摂津国佃村の名主孫右衛門が、家康と同席していたとき、庭に三本の木があったのを家康が見て、孫右衛門に、これから木を三本書く森の字を姓に名乗れと言われ、以来、森孫右衛門となったエピソードがあったように、時の権力者から姓を賜る例はある。

また逆に、家康と覇権を争って敗れた石田三成の関係者は全て改姓したとも言われているし、大坂夏の陣で滅びた豊臣家も養子などがいたけれど、豊臣姓や羽柴姓を名乗ることは禁じられ木下姓に戻ったそうだ。このように、姓（苗字）はかなり頻繁に変わるもので固定されたものでないことを頭に置いて、アヅミ系苗字も眺める。

現代、阿曇苗字が少ない理由はわからないが、七九二年の桓武天皇時代の『日本後記（逸文）』によると、内膳奉膳《ないぜんのかみ》の阿曇宿禰継成が、同職の高橋氏との間で争い事があり神事を乱し、その罪で佐渡島に流罪されている。これ以降、阿曇氏は中央政治の場に登場していない。ということから石田三成や豊臣秀吉の関係者が改姓していることに照らして、この流罪を機に阿曇氏を名乗ることが禁止されたのかもしれない。ただし、これは、現在、その根拠が示せないだけに憶測に過ぎない。そんなこともあるが、参考のために次の四つの事を記載しておく。

一、阿曇継成が流罪になった後の八一五年に完成した『新撰姓氏録』は、京都及び畿内に住む一一八二氏の出自の記録であるが、この中に、綿津見の神の子孫として、凡海（おおあま、または、おしあま）連、阿曇連、安曇宿禰の名が記載されている。『新撰姓氏録』の編纂の途中で継成が流罪になっているので、ことによっては、阿曇が凡海や安曇の表示に一部改められた可能性はないだろうか。

二、対馬の浅海湾にある仁位の和多都美神社は、阿曇氏の祖神の阿曇磯良を祀るなどで福岡市東区の志賀海神社とのつながりが見えるが、その和多都美神社について、永留久恵の『対馬風土記』11号（対馬郷土史研究会　一九七四年）によると、宮司の系譜では、古い時代に阿曇姓を名乗っていたが、その後長岡姓に改姓したと言う。ただし、改姓した年代はわからないし、また、自ら願い出ての改姓か、それとも権力者などからの指示による改姓かもわからない。

三、福岡市東区の志賀島にある志賀海神社は、綿津見神を祀る全国の総本社であり、また、安曇族の根拠地を象徴する神社でもある。先にも触れたように当社の宮司は代々阿曇姓であるが、聞くところによると、一時期坂本姓を名乗っていたそうだ。

四、平安時代中期の九三〇年代に編纂された『倭名類聚抄』に、糟屋郡阿曇郷という地名が出ている。現在、その地が福岡県新宮町か古賀市付近に比定されているが、地名として阿曇郷の痕跡も残っていないので、その正確な位置はわからない。いつの時代も地名は変遷するものだが、糟屋郡が安曇族の根拠地付近だけに腑に落ちない。

地域別安曇系苗字

アヅミ系苗字三〇（表2）の中には、一二六〇〇余戸と最も多い渥美苗字がある一方で、阿曇苗字のようにわずか一戸しかない苗字もある。そこで、表3は、先にも触れたように、表2の三〇アヅミ系苗字の中から全国の戸数計が三〇戸以上あるアヅミ系苗字を一三苗字抽出して、多い順に各苗字別都道府県別に戸数を並べたものだ。三〇戸以上で仕切った根拠は特にない。強いて挙げれば、一覧表を作成するに当たってA4版用紙を縦に使って入る幅が限られること、区市町村単位で一〇戸未満であれば、アヅミ系苗字の集落の存在を想像するにはむずかしいこと、アヅミ系苗字から安曇族とのつながりの手がかりの有無を探るには多い順に一三苗字もあればいいだろうと単純に考えたことの三要素になる。

そんな経緯で作成した表3だが、アヅミ系苗字の集落を探し出すには、表中のB蘭の世帯数の多寡だけを使うわけにはいかない。なぜかと言えば、仕事の都合などで住居を移動する現代、すなわち、地方から東京や大阪などの大都市圏に人が集まる中で、たとえ東京に二二〇戸と数多くB蘭のアヅミ系苗字が集中していても、それは元々そこに住んでいた家系とは限らないわけだから、ただ絶対数が多いと言って安曇族とのかかわりのある地だと判断するわけにはいかないのだ。全体の世帯数が多ければ、当然アヅミ系苗字の絶対数も多くなるのだからそこいらを考慮しなければならない。言い換えると、人口が流入する都市と流出する集落とでは別扱いすべきである。そこで、都道府県別に世帯数当たり何戸のアヅミ系苗字があるのかを算出し、一万戸当たり一戸未満のアヅミ系苗字であれば（表ではB/A×100の欄で100未満）、それは、その昔からの在住か近年の移住によるかの見分けが出来ない数値だとして調べの対象から外した。

そうすると、アヅミ系苗字は、東京都や大阪府を中心とした大都市圏が除かれて、北海道、宮城、福島、静岡、愛知、三重、兵庫、鳥取の一道七県に絞られた。ただ、神戸市を県庁所在地とする兵庫県は、大阪経済圏に含まれるが、後で説明する表4を見るとわかるように、実際にアヅミ系苗字が存在するのは大阪経済圏（注3）から外れた西や北にあるから対象として扱った。また、北海道のアヅミ系苗字は、明治以降の入植者だから古代の安曇族と土地との結びつきがないので対象から外した。その結果、宮城、福島、静岡、愛知、三重、兵庫、鳥取の七県だけが対象になる。表3では、この七県の一〇戸以上の数値だけを太字で表した。

注3:『日本書紀』畿内の域内について、東は名墾（なばり張?）の横河よりこちら、南は紀伊の脊山よりこちら、西は明石の櫛渕（現在の須磨公園一帯）よりこちら、北は近江の楽浪《さざなみ》の逢坂山よりこちらを指す、とある。

さらに、七県を政令指定都市の区及び市町村単位に細分化した地域内のアヅミ系苗字の戸数を表4とし、各県に1から7の枝番をつけて七枚の表を示した。その表4の説明に入る前に表3から読み取れる特異点などを記述しておく。

まず、綿津見の神を祀る全国総本社の志賀海神社を有し安曇族の根拠地の福岡県にアヅミ系苗字が二三戸と少ないことに気付く。最も多い安住苗字でもわずか八戸で、これを区市町村別にみると、福岡市西区に二戸ある以外は一戸ずつ分散しているから、福岡県に安住苗字集落があるとは言えない。先に触れたように『和名抄』に出て来る阿曇の地名も見当たらないように福岡県にはアヅミにかかわる地名もないようだ。安曇族が住んでいた地に地名も苗字も残していないことはどうも腑に落ちない。だからと言ってこれだけで安曇族とアヅミ苗字との結びつきがないと結論付けるわけにはいかない。そこで弥生時代の初期水田稲作適地を有した一〇地域とアヅミ系苗字との関係を西の方から順次簡単に列挙する。

① 鳥取県米子市に安曇《あずま》という地名の地域があるが、この周辺にアヅミ苗字はなく、表3にある安住苗字四三戸は、先述のとおり、米子から遠く離れた八頭郡にある。だから、米子市の安曇地域には

地名はあってもそれに因むアヅミ系苗字はない。

②　兵庫県の西部を流れる揖保川上流の鳥取県寄りにある宍粟《しそう》市に安積という地名の地域がある。ここには、表4の2に示したとおり安積苗字が二戸あるが、これをもって安曇族とアヅミ系苗字の集落を云々することはできそうにない。なお、安積苗字は兵庫県西部に多く、その昔、宍粟市と関係なく集落を形成していた可能性はあるが、この安積苗字は「あづみ」と「あさか」両方の読み方をしているので、その点も割り引いて考慮しなければならない。

③　石川県羽咋《はくい》市に安津見という地名をもつ地域があるが、この地域にアヅミ系苗字はない。ただ、同県の金沢市に安津見苗字が一戸だけある。なお、表3に示した厚見苗字が金沢市に九戸あるが、これらも戸別に見ると同市内で分散しているので、アヅミ系苗字の集落を形成しているわけではない。

④　琵琶湖に流れ込む安曇川《あどがわ》を挟む滋賀県高島市は、旧安曇川町が合併しているので同市の町名の中に安曇川町があり、また、古い小字名に安曇の地名もある。それにもかかわらず、表3に示したとおりアヅミ系苗字は分散しており、アヅミ系苗字の集落は認められない。

⑤　岐阜市に厚見の地名があるが、厚見苗字は八戸が分散しているだけで集落はない。一方、岐阜県各務原《かがみはら》市には、安積《あづみ》苗字が一四戸あり、それも蘇原野口町に集中していることから、おそらくその地域には、昔から安積苗字の集落が形成されていたのであろう。だが安積苗字と厚見地名とが結びつく根拠はない。

⑥　現在の愛知県の渥美半島から豊橋市を含む一帯に渥美の地名はあった。それは、七世紀に渥美郡《こおり》（注4）ができて以来続いてきた地名だが、二〇〇五年に渥美町が田原市と合併して、渥美町と

渥美郡がなくなった。ただ唯一、渥美半島だけがアツミの地名を留めている。一方、渥美苗字は現在、豊橋市、岡崎市、安城市、田原市など県内に数多くある。したがって、地名と苗字が重なる地域と言えるかもしれないが、この渥美苗字が出現した時代がわからないので、直ちに両者が結びついているか否かを判断するわけにはいかない。ただ、ウィキペディアや旧『渥美町史』の中に、渥美郡の郡名は阿曇連に由来する旨出ている。だが、その根拠が明確ではないから、現段階では、安曇族と地名及びアヅミ系苗字とのつながりを云々することはできない。今後の研究課題として面白い地域であることは間違いない。

注4：渥美郡は、当初、渥美評と記述したそうだ。評は、古代日本の行政区域の単位で、七〇一年に制定された大宝律令以降、評から郡の表示に替わったそうだ。

⑦　かつての長野県には北安曇郡と南安曇郡、その南安曇郡の中に安曇村の地名があったが、近年の市町村合併で南安曇郡は松本市と安曇野市になり、南安曇郡の郡名はなくなった。したがって、現在は北安曇郡、安曇野市、松本市安曇（旧安曇村）が安曇にかかわる地名として存在している。その他、地名ではないが大町市にあるJR東日本の大糸線の駅名に安曇沓掛駅がある。アヅミ系苗字は広い県内に戸別に散在しているだけで安曇の地名との結びつきは見られない。

⑧　山梨県富士吉田市に小明見と大明見の地名はあるが、山梨県内に明見苗字はない。また、その他のアヅミ系苗字も少なく分散しているだけだ。

⑨　新潟県関川村に安角の地名があるが、安角の苗字は、先のサイトで探しても丹羽の『日本苗字大辞典』にも出ていないから、全国のどこにも存在しないのだろう。

⑩　山形県鶴岡市の温海はアヅミ地だが温海苗字はない。その他のアヅミ系苗字も数少なく、それも分散しているだけで集落はなさそうだ。

こうやってアヅミ地とアヅミ系苗字との関係を概観すると、少なくともアヅミ系苗字に関しては、苗字は地名から八五％付けられたという丹羽の法則通りでないと言える。ただ唯一、愛知県の渥美地名と苗字の渥美が結びついているが、これとて隣接する静岡県に愛知県の五倍近く渥美苗字があることから静岡県の渥美苗字との関係から愛知県の渥美苗字も見て行かねばならない。静岡県に渥美の地名はない。

繰り返しになるが、明治以降入植開拓された北海道を除いて表3をみると、都府県人口に対してアヅミ系苗字が多い宮城、福島、静岡、愛知、三重、兵庫、鳥取の七県（表3一〇戸以上を太字表示）を抽出して県別に区市町村の行政区分地域を単位にしたアヅミ系苗字の戸数を表4に示した。この表の中で地域内に一〇戸以上同一アヅミ系苗字がある地域は、アヅミ系苗字の集落が形成された可能性があると仮定して摘出すると次のとおりになる。

・鳥取県（表4の1）、安住の一苗字一地域。
・兵庫県（表4の2）、安積、厚見、厚海の三苗字六地域。
・三重県（表4の3）、渥美の一苗字三地域。
・愛知県（表4の4）、渥美、厚味の二苗字八地域。
・静岡県（表4の5）、渥美、阿隅、厚見の三苗字二〇地域。
・福島県（表4の6）、厚海、厚美の二苗字二地域。

表4－2　兵庫県のアヅミ系苗字

	安積：225戸		厚見：45戸		厚海：22戸		渥美：14戸		安見：12戸	
1	灘区	3	須磨区	2	明石市	2	北区	2	姫路市	2
2	兵庫区	3	加古川市	14	加古川市	18	尼崎市	3	市川町	6
3	垂水区	3	高砂市	3			西宮市	2		
4	北区	7	小野市	5			伊丹市	2		
5	中央区	3	稲美町	16						
6	西区	3								
7	姫路区	79								
8	尼崎市	4								
9	明石市	4								
10	西宮市	5								
11	芦屋市	2								
12	伊丹市	5								
13	豊岡市	8								
14	加古川市	6								
15	加西市	9								
16	高砂市	5								
17	養父市	2								
18	朝来市	40								
19	宍粟市	2								
20	たつの市	3								
21	市川市	18								
22	佐用町	2								

表4－1鳥取県のアヅミ系苗字

	安住：43戸	
1	米子市	3
2	智頭町	30
3	八頭町	8

表4－3　三重県のアヅミ系苗字

	渥美：161戸		厚見：10戸	
1	津市	12	津市	2
2	四日市市	10	志摩市	2
3	松阪市	4	伊賀市	3
4	鈴鹿市	123		
5	亀山市	6		

表4－4　愛知県のアヅミ系苗字

	渥美：281戸					厚味：28戸		安積：11戸	
1	千種区	4	16	豊川市	14	武豊町	21	みよし市	2
2	北区	3	17	刈谷市	3	半田市	2		
3	中村区	5	18	豊田市	13	豊田市	2		
4	中区	2	19	安城市	42				
5	瑞穂区	2	20	蒲郡市	3				
6	南区	3	21	小牧市	2				
7	守山区	2	22	新城市	12				
8	緑区	4	23	豊明市	5				
9	天白区	5	24	田原市	34				
10	豊橋市	57	25	愛西市	7				
11	岡崎市	23	26	北名古屋市	2				
12	一宮市	4	27	あま市	4				
13	瀬戸市	3	28	蟹江町	2				
14	半田市	6							
15	春日井市	5							

表4－5　静岡県のアヅミ系苗字

渥美：1,332 戸									阿隅：36 戸			厚見：29 戸	
1	S 葵区	81	16	富士市	2	31	函南町	3	1	S 駿河区	2	沼津市	24
2	S 駿河区	30	17	磐田市	92	32	清水町	4	2	H 中区	6		
3	S 清水区	12	18	焼津市	7	33	小山町	2	3	H 東区	2		
4	H 中区	12	19	掛川市	58	34	川根本町	12	4	H 浜北区	11		
5	H 東区	62	20	藤枝市	15	35	森町	2	5	H 天竜区	8		
6	H 西区	179	21	御殿場市	4				6	焼津市	2		
7	H 南区	33	22	袋井市	47								
8	H 北区	124	23	下田市	3								
9	H 浜北区	249	24	裾野市	2								
10	H 天竜区	60	25	湖西市	19								
11	沼津市	9	26	伊豆市	2								
12	熱海市	2	27	御前崎市	19								
13	三島市	4	28	菊川市	9								
14	富士宮市	8	29	伊豆の国市	4								
15	島田市	27	30	牧之原市	9								

注)：H は浜松市　S は静岡市

表4－7　宮城県のアヅミ系苗字

	渥美：265 戸		熱海：259 戸		安住：222 戸		安海：106 戸		安積：34 戸		安曇：15 戸	
1	青葉区	7	青葉区	17	青葉区	5	青葉区	11	青葉区	2	泉区	2
2	宮城野区	13	宮城野区	14	宮城野区	9	太白区	4	若林区	5	大崎市	2
3	若林区	4	若林区	3	太白区	3	石巻市	39	太白区	4	大和町	6
4	太白区	5	太白区	10	泉区	7	塩釜市	2	多賀城市	2		
5	泉区	10	泉区	13	石巻市	61	多賀城市	2	東松島市	8		
6	石巻市	106	石巻市	18	塩釜市	6	東松島市	9	大崎市	8		
7	塩釜市	3	塩釜市	17	多賀城市	8	大崎市	3				
8	多賀城市	5	名取市	2	岩沼市	20	大和町	18				
9	登米市	14	多賀城市	2	登米市	2	大郷町	7				
10	東松島市	64	栗原市	32	東松島市	8	湧谷町	2				
11	大崎市	3	東松島市	72	大崎市	26	美里町	2				
12	亘理町	3	大崎市	8	柴田町	2	女川町	2				
13	松島町	6	大郷町	5	亘理町	18						
14	七ヶ浜町	2	富谷町	2	山元町	3						
15	利府町	4	美里町	35	松島町	2						
16	大郷町	6			大郷町	8						
17	富谷町	2			湧谷町	7						
18	美里町	2			美里町	13						
19					女川町	6						

表4－6　福島県のアヅミ系苗字

	厚海：52戸		厚美：18戸		安積：17戸		熱海：10戸	
1	郡山市	40	郡山市	15	郡山市	4	福島市	6
2	いわき市	6			いわき市	2		
3	三春町	3			須賀川市	2		
4					相馬市	2		
5					国見町	3		

・宮城県（表4の7）、渥美、熱海、安住、安海の四苗字二二地域。

この中で、苗字数も地域数も最も多く、渥美苗字に偏っている静岡県や愛知県に比べると多岐にわたっている宮城県が、アヅミ系苗字と安曇族とのつながりの糸口を探る資料として適しているかと思う。そこで、宮城県のアヅミ系苗字を採り上げて、安曇族とのつながりの有無を調べることとした。

東北地方太平洋側への経路

ともかく、この宮城県のアヅミ系苗字が一〇戸以上ある地域を地図に落としてみた。但し、仙台市の宮城野区と青葉区などのように隣接した地の同じ苗字は一か所にまとめ、逆に石巻市の鮎川町などのように地理的に離れているが市町合併で一つになった地域は分けて示した（77頁図4）。こうやって机上で宮城県のアヅミ系苗字の集落の可能性があると思しき地域の地図が出来上がった。だが、この地図だけからアヅミ系苗字と安曇族とのつながりを云々できる手がかりはとてもつかめそうにない。そこで、その昔、と言っても弥生時代から江戸時代の初期あたりまでを想定して、現在の九州や近畿方面から宮城県へ移住する場合の経路を調べてみた。地図を眺めて机上で考えられる次の三つの経路を検証してみる。

一、太平洋を航行か、日本海から津軽海峡を抜けて太平洋に入り海から上陸する海路。

二、日本海側から河川を上り、奥羽山脈を越えて太平洋側の河川を下る海路と河川水路。

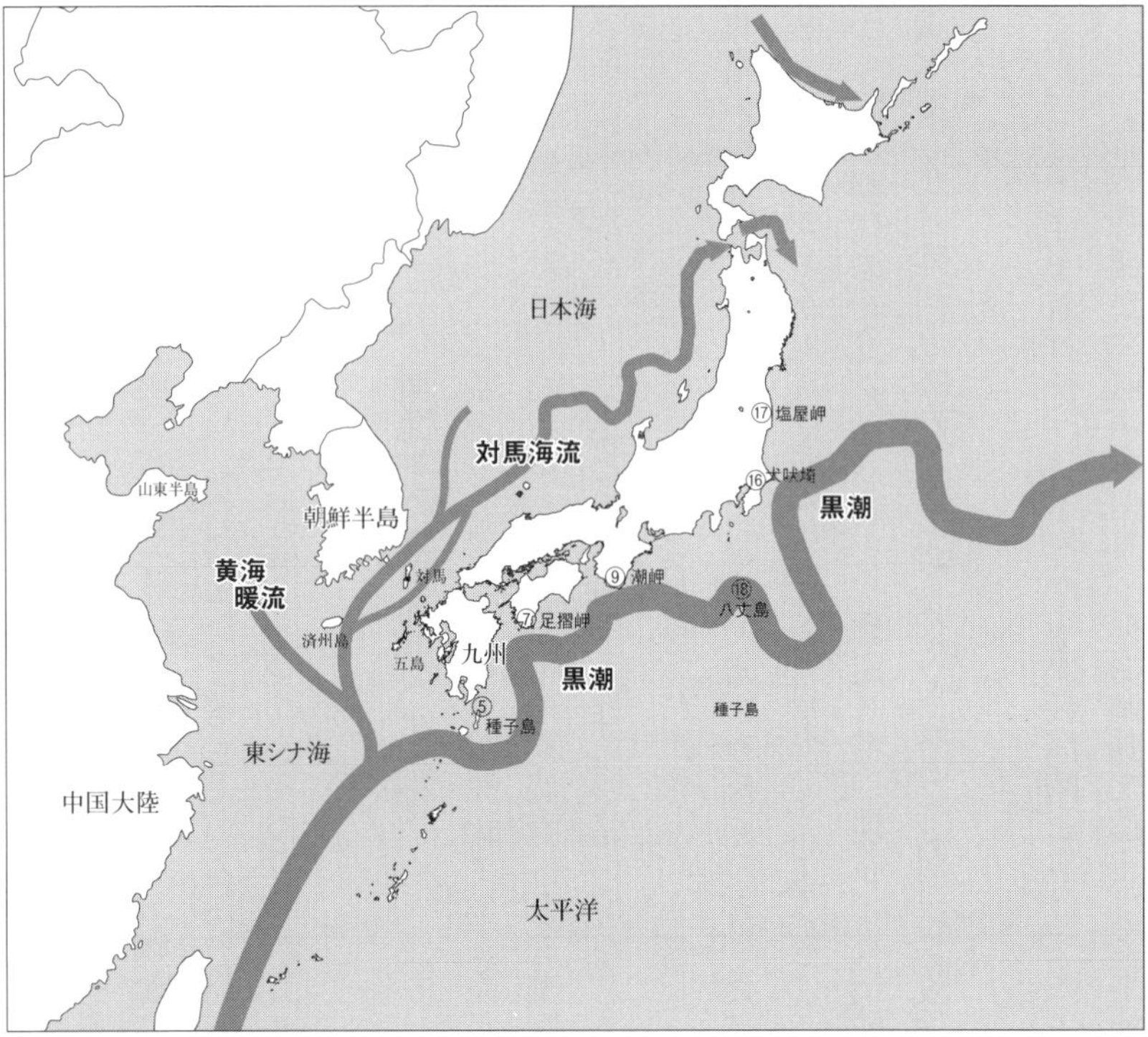

図３　日本近海海流略図

三、東山道などの陸上を使う陸路。

まず、一番目の海路は、結論を先に言うと、江戸時代まで航行は無理だった。なぜ無理かと言えば、太平洋側を航行するには三～五ノットで流れている黒潮（図3）の流れの外側（陸から見て）に出たら、黒潮を横断して戻らないと上陸できない。黒潮の流れは、図3に示したように、紀伊半島南端の潮岬に接近し、伊豆諸島の三宅島と八丈島の間を蛇行しながら流れ、そこから房総半島へ向かい、銚子付近から日本列島を離れて東へ向かって流れ去って行く。もっとも、年や季節によって、潮岬への接岸距離や伊豆諸島への蛇行のコースが変わるが、大略図3のように流れている。

ともかく、この黒潮を横断するには、

人力や風力で航行する船では、いい風に恵まれないと黒潮の流れで沖へもっていかれる。風は一定していない。順風もあれば逆風もある。これが西から江戸へ向かう場合だったら、潮岬を回って、熊野灘、遠州灘で黒潮の内側、すなわち陸寄りを航行した。これは、江戸時代に大坂と江戸の間を航行して菱垣廻船や樽廻船の例でもわかる。ただ、一つ間違えて黒潮の外側、すなわち沖を通ると、黒潮に流されて遭難の可能性が高くなる。

遭難の事例としては、三浦綾子が小説『海嶺』で書いた愛知県の知多半島を出航した千石船が遠州灘で遭難し、北アメリカまで漂流した事故や、大正十五（一九二六）年十二月銚子沖でエンジントラブルを起こして航行不能になった和歌山県のマグロ延縄漁船漁栄丸が、昭和二（一九二七）年十月に乗組員一二名全員の死体を乗せたまま米国ワシントン州のシアトル沖に漂着した悲惨な事故（注5）などが挙げられる。

注5：昭和二年十一月二十五日付の大阪朝日新聞、同日付東京朝日新聞、『漁栄丸遭難記録』（和歌山県串本町商工観光課　一九七五年）、ウィキペディア、社団法人全国漁業無線協会発行の『漁業無線』82号（一九九七年、誤植が多い）の「漁栄丸の遭難と漁業無線」など参照。

ましてや宮城県までとなると、難所中の難所の黒潮が洗う房総半島沿いを走らねばならないし、何とか銚子を無事にかわしたとしても、その先に鹿島灘という難所がある。そもそも難所の難の字にサンズイが付いた灘という名がついている海は遭難の危険性が高い海域である。黒潮の中に入ったということは、一度黒潮を間近に見た人なら、その透明度と色などが岸沿いの水の色と全然違うから誰でもわかるが、恐いのは、黒潮が流れていると言っても目に見えないので体で流れを実感できないことだ。例えば船が黒潮に流されていても、島や岬など陸地の固定物が見えない限り、船と海の流れが一体となって流れるので、流されているのか止まっているのか全然わからないのだ。太陽や星を見ればわかるのでは、と思うかもしれないが、これは一日など長い時間かければわかることであってリアルタイムでは太陽や星を見ていてもわからない。言ってしまえば、動いている地球に立っていても、人が、その動きを実感できないようなものだ。

余談を加えると、たとえば、地引網を入れようとする漁師が、その日の海の流れを知るために沖にブイを打って、浜からそのブイの傾き方など様子を見るのも、そうしないと流れはわからないからだ。鴨長明は『方丈記』に「行く川の流れは絶えずして、しかも元の水にあらず。淀みに浮ぶ泡沫《うたかた》は、かつ消えかつ結びて久しく留まりたる例《ためし》なし」と書いた。鴨長明は、固定された橋の上か川渕からブイの代わりに泡が流れて行く様子を見て、川が絶えることなく流れていることが実感できたのだ。これをもし順番通りに「行く川に浮かぶ泡沫が、かつ消えかつ結びて久しく留まる例がないから川は絶えず流れていることがわかる」などと表現すれば、文学として人の心をとらえることは出来ない。私たちが日頃使う「陽が傾いた」などの表現も、理屈で言えば「地球が傾いた」になるが、これでは味気ない。生活では天動説、理屈では地動説でいいのだ。ともかく、川と違って海の流れは実感できにくい。

話を航海に戻す。同じ海でも、日本海から津軽海峡を通って太平洋に抜けるコースがあるはずだと思う読者も多いだろう。確かに日本海から太平洋へ向かう時だと、日本海へ入った対馬海流が津軽海峡を抜ける流れはあるが、逆方向に戻るコースだと流れに逆らわねばならないことになる。それに、船の航海で大切なのは寄港地の有無である。時化《しけ》にあったら近くの港に逃げ込み、破損箇所が出たら入って修理できる港がないと航海できないのだ。そのことは、現在の宮城県と東京を結ぶ航路を一六七一年に、仙台米など東北の物流を可能にした河村瑞賢（一六一八～一六九九年）が寄港地を設けて開発した話で理解できる。河村瑞賢の航路開発については、新井白石（一六五七～一七二五年）の『奥羽海運記』を基に高橋富雄が『東北の歴史と開発』（一九七三年、山川出版社）で紹介している。以下、高橋の要旨を随処引用しながら説明する。

貨車鉄道便も自動車便もない江戸時代に、東北地方産物の米などを江戸や大坂へ輸送する物流ルートを思い起こしていただきたい。当時は、金《きん》など少量で軽量の品は別として、米などの大量に運ぶには船便が主役だった。その船便で大坂や江戸へ輸送する航路は津軽海峡を境に二つあった。一つは日本海を下って本州西端の下関を経て瀬戸内海に入り、大坂へ着く西回り航路。もう一つは太平洋を下って江戸に送る東回り航路だ。太平洋に比べると流れが緩やかな日本海の西回り航路は、江戸時代活躍した北前船でも知られているように、最上川流域の産物である米、紅花、真綿、蝋、漆などの輸送が盛んだった。この日本海の航路は航路は、弥生時代の初めから発達している（『安曇族と徐福』など拙著参照）。

一方、難所が多い太平洋の東回り航路は、危険率が高いだけに回船業者の請負料も割高で、その上、米を石巻から千石船や五百石船などの大型船に積んで出港しても、その米が江戸に就くまで一年かかったと言う。理由は、先にも触れたが、黒潮の流れに起因する。たとえ常陸那珂湊か銚子まで南下しても、鹿島灘や九十九里浜沖を走り抜けることができず、那珂湊から那珂川を使うか、銚子から利根川を使い、さらに江戸川など内陸の河川を使って川船で江戸へ運んでいた。だから、その都度荷を積みかえねばならなかった。河村瑞賢は、この船便を九十九里浜沖では、黒潮より陸側を走って房総半島を迂回させるか、いい風をとらえていったん黒潮の外に出て、再び黒潮を横切って東北から江戸まで積荷を積み替えることをしないで直行させ、三か月で運ぶ航路を開発したのだ。

この航路の寄港地として阿武隈川河口の荒浜（宮城県亘理町）、平潟（北茨城市）、那珂湊（ひたちなか市）、銚子口（銚子市）、小湊（鴨川市）に輸送指揮・監督に当たる立務処《りつむしょ》を置き、海岸沿いに磐城、常陸、房総を南下して、房総半島を過ぎると三浦半島の三崎（三浦市）あるいは伊豆半島の下田（下田市）に寄って江戸湾に入った。この航路を航海するようになって、仙台米の価格も三倍近く値がつき、農民も二倍近い収入になったそうだ。このように一六七一年の河村瑞賢による東回り航路の開発は、まず、仙台藩の米を江戸へ送る便で始まり、継いで盛岡、津軽、秋田の諸藩に拡大し、さらに荒浜以南まで加わったそうだから東北地方に大きな経済効果をもたらした。高橋の言によれば、これで東北・北海道経済が日本経済に組み込まれたと言い、新井白石は『奥羽海運記』で、単に奥羽と江戸、大坂が結ぼれたという交易だけでなく、これで日本としての国家経済が成立したと評している。

また、高橋は、この東北地方のこの経済発展の背景に、北上川流域の開発と二〇〇キロにも及ぶ水運発達を挙げている。北上川は、岩手県北西部にある七時雨山《ななしぐれやま》（一〇六〇メートル）周辺を水源に、八幡平市、盛岡市、花巻市、平泉町など奥羽山脈と北上山地に挟まれた形で岩手県を南へ流れ、宮城県に入って石巻市から太平洋に流れ出る。全長約二五〇キロの一級河川だ。この北上川流域の盛岡藩と下流域の仙台藩の米作とその物流に北上川利用の水運が発達していたから、河村瑞賢が開発した東回り航路が活きたと高橋は指摘している。

この河村瑞賢の業績に関して、以上のとおり新井白石と高橋富雄は高く評価しているが、河村の私欲が絡んでのことだなどとの批判もある。ただ、世の中には私利私欲をもっている人は多くても、それで世のため他人のために役立たせることが出来る人はまれだから、たとえ私利私欲であっても東北地方と江戸をつなぐ航路を開発した功績は認めるべきだ。まあ、それらの評価を別にしても、河村が取り組む一六七一年頃まで、黒潮が接近する房総半島を回れなかったのだから、それまで東回り航路はなかったも同然だと言うことは言える。

安曇族とアヅミ系苗字とのつながりを探る話からかなり脱線してしまったが、脱線ついでに河村瑞賢のお墓の話を加えて置く。河村瑞賢について調べていたら、お墓が筆者の自宅から歩いて行ける距離だとわかったので北鎌倉にある建長寺に行った。鎌倉の歴史的人物としては源頼朝をトップに挙げる人が多いかと思うが、その頼朝のお墓は意外なほど狭くこじんまりしている。その点、河村瑞賢のお墓の敷地というか面積は広く、山の斜面を切り開いた全域ワンフロアが瑞賢のお墓だった。ただ、著者が行った日は平日だったこともあってか、筆者以外に誰もいなく、同じ建長寺境内でも、隣の半僧坊の人が絶えないのに比べて対照的だった。

次に二番目の日本海と河川利用航路をみる。筆者は、『弥生時代を拓いた安曇族』(龍鳳書房 二〇一三年)などで次のことを主張している。海人の安曇族が、中国大陸から日本列島へ亡命を希望する水田稲作農耕民に、農耕具の未発達時代でも耕作できる水田稲作に適した地に入植を斡旋し、入植者が独り立ちできるまで船と海や川の水路を使って食料などの支援をして来た。安曇族が面倒を見て来たから、その入植地をアヅミ地と称している。

このアヅミ地は、日本海から河川を上った所としては鳥取県の米子市、石川県の羽咋市、長野県の安曇野市、新潟県の関川村にあるが、太平洋側の宮城県にはない。その大きな理由は、太平洋側の航路の危険性にあるとみて間違いない。太平洋航路については、高橋の河村瑞賢に関する記述で、一六七一年まで宮城県を中心にした太平洋側の東北地方と九州、近畿、江戸との間を航行する航路がなかったことが理解できたかと思う。

次に、日本海側から河川の水路をつかって奥羽山脈を越えて太平洋側へつながる経路を検証する。日本列島の東北地方は奥羽山脈が南北に走り、西の日本海と東の太平洋が平地でつながっている所はない。だが、その奥羽山脈の峠を越えて東西がつながっていることを、史実や事実で示されるところが少なくとも三か所ある。加えて地形的に見てつながっていたと考えられる所が、二か所ある（表5）。まず、前の三か所について北から順に記述する。

一つは、表5の③山形県最上町と宮城県大崎市との境にある標高三八八メートルの堺田分水嶺を挟んで、西の山形県側は最上川水系の小国川を経て酒田市の河口まで一〇二キロほど、東の宮城県側は北上川水系の江合川を経て石巻市の河口まで一一六キロほど、この二河川で日本海と太平洋がつながっている。ここは、古来、人の往来や物流の経路として重要な峠で、江戸時代には俳人の松尾芭蕉も通っているが、筆者はこれまで物流などの具体的な記録を探し出せないでいる。確かなことは、この分水嶺で水が東西に分かれる事実をインターネットで知った（堺田分水嶺で検索）。

「堺田分水嶺」と峠ではなくわざわざ分水嶺と断った呼称になっているのは、この峠のさらに上流から流れ出て来た水が、堺田で最上川水系と北上川水系に分かれて行く珍しい光景を見ることが出来るからだ。言葉を換えると、日本海から最上川を上ったウナギが北上川を伝って太平洋に出ることが出来る

表5　奥羽山脈東（太平洋側）西（日本海側）接点

①	貝梨峠（標高 470m）	
隣接市町村	秋田県鹿角市	岩手県八幡平市
標高 (m)	370	400
水系河川名	能代川水系米代川	馬淵川水系安比川

②	雄物・北上川接点（標高 300m）（仮称巣郷峠）	
隣接市町	秋田県横手市	岩手県西和賀町
標高 (m)	249	302
水系河川名	雄物川水系黒沢川	北上川水系和賀川

③	堺田分水嶺（標高 342m）	
隣接市町	山形県最上町	宮城県大崎市
標高 (m)	346	314
水系河川名	最上川水系小国川	北上川水系江合川

④	二井宿峠（標高 534m）	
隣接市町	山形県高畠町	宮城県七ケ宿町
標高 (m)	466	524
水系河川名	最上川水系屋代川	阿武隈川水系白石川

⑤	板谷峠（標高 762m）	
隣接市町	山形県米沢市	福島県福島市
標高 (m)	641	759
水系河川名	最上川水系羽黒川	阿武隈川水系松川

経路なのだ。このウナギの代わりに人、あるいは船や荷に置き換えると、この堺田分水嶺を経路にして日本海と太平洋、酒田市と石巻市の交流が出来たということになるわけだ。

もう一つは、表5の④、山形県高畠町と宮城県七ケ宿町との境にある標高五三七メートルの二井宿峠を挟んで、山形県側は最上川水系の屋代川を伝って河口の酒田市まで一五〇キロほど、宮城県側は阿武隈川水系の白石川を伝って河口の亘理町まで八〇キロほどで日本海側と太平洋側とがつながっている。二井宿峠は物流の実績がある。高橋富雄によると、河村瑞賢が東回りの航路を開発する前から、米沢藩産の米などを現在の山形県からこの二井宿峠経由で宮城県に運び込み、前述の河川と海を利用する経路を使って江戸へ運んでいたそうだ。

三つ目の峠は、表5の⑤、日本海側の米沢市と太平洋側の福島市の境にある標高七五五メートルの板谷峠で、現在、奥羽本線が通っている。米沢市と福島市の境と書いたが、厳密に言うと板谷峠は両市の市境でなく、そっくり米沢市の中にある。地図で見ると日本海側の米沢市が奥羽山脈を越えて太平洋側に入っている。だから、太平洋に流れ込む阿武隈川の支流が米沢市にも流れていることになる。現代の道路で距離を測ると、板谷峠から最上川河口の酒田市まで一八〇《キロ》ほど、阿武隈川河口の亘理町まで九〇《キロ》ほどだ。江戸時代にはこの板谷峠は米沢藩の参勤交代の通路として使われたそうだ。

次に、地形的にみて東西がつながっていると判断される後の二か所については、表5で①の貝梨峠と同②で雄物・北上川接点と示した峠だ。ただし、地図で見る限り、この雄物・北上川接点に○○峠とか△△分水嶺などと言った地名は表示されていない。最も近い鉄道の駅名は黒沢（秋田県横手市黒沢）だが、本書では、この地を通る国道107号線（平和街道）の最標高地（三〇〇《メートル》）に隣接し、宿泊施設がある岩手県和賀郡西和賀町巣郷の地名から採って巣郷峠と仮称することとする。

貝梨峠と巣郷峠について、それぞれ挟んだ東西の耕作地の標高とその中間にある峠の標高の差をみると、貝梨峠で一〇〇《メートル》ほど、巣郷峠では五〇《メートル》ほどであることから地形的には奥羽山脈を挟んで西の日本海側と東の太平洋側を行き来できる可能性がある地点と推測できるわけだ。だが、現時点で筆者は、この二峠を通っての物流や人の交流があったという記録や資史料を持ち合わせていないから、あくまでも地形から見た推測になる。

貝梨峠の経路は、西日本方面から日本海の航路を使って現在の秋田県能代《のしろ》市まで海路をたどり、能代市から米代《よねしろ》川を使ってさかのぼり、奥羽山脈を登りきったところにある貝梨峠を越えて岩手県に入り、馬淵《まべち》川水系を伝って青森県の八戸市から太平洋へ流れ込む水路を使ったことになる。

なお、この米代川の名称が少しややこしいので混乱しないように整理しておく。米代川は別に能代川とも呼ばれている。河口が秋田県の能代市にあるから能代川を「のしろがわ」と読んで、これが本当の呼び名かと思われがちだが、これはあくまでも別称で、正式名称は米代川だ。また、漢字で能代川と記述すると新潟県に信濃川水系の支流に能代川《のうだい》があるのでややこしさが増すわけだ。

もう一つの巣郷峠の経路は、同じく西日本からだと海路を使って秋田市の雄物川河口まで来て雄物川水系をさかのぼり、横手市から巣郷峠経由で岩手県の北上川水系に入って下り、岩手県一関市から宮城県登米市に入って石巻市から太平洋に流れ出る水路を使ったことになる。

以上五か所の奥羽山脈を越えて日本海側から東北地方の太平洋側への経路を説明して来たが、前段の三か所は記述通り、地形的にも記録から見ても、日本海と太平洋を河川と峠越でつなぐ経路があったことは認められる。後段の二か所については、弥生時代の初め頃に、日本海側から峠を越えて太平洋側に水田稲作の技術が伝わった可能性や、その後の農業発展に金属など新技術で製作された農耕具などが伝わった可能性という視点から、後ほど再度触れる。

最後に三番目の陸路を採り上げる。ここまで現代の関西や関東と東北地方の宮城県とを結ぶ交流経路として太平洋側の海上航路、日本海へ流れ出る河川と峠を挟んで太平洋側へ流れる河川を使った経路を見てきた。そこで、三番目は、その昔、奈良や京都方面の畿内や江戸や鎌倉の東国から、東北の陸奥に通じる陸路について文献から当たってみる。

筆者は、曲がりなりにも理科系論文には馴染んできたが、考古学の知識がない上に考古学の論文にはなじみが薄かったこともあって、この種の論文を理解するのに苦労する。記述されている出土品の型式名や弥生時代の前期だ、中期だ、○○編年、などという実年代でない年代表示が占めされ、それらがAさんBさんCさんで違っているとなると頭が混乱する。その点、次に述べる論文は、丁寧に記述された出土品の複雑な型式を別にすると、七世紀、八世紀と実年代で記述されているから理解しやすい。

その論文とは、村田晃一の「飛鳥・奈良時代の陸奥近辺　―移民の時代―」（『宮城考古学』2号　二〇〇〇年）のことだ。村田は、宮城県の三四～三六か所の遺跡から出土した土師器やかまど、それに官衙《かんが》（官庁、役所）跡などの考古学資料を綿密に調べた結果から関東系の影響があることを明らかにして、七世紀中葉から八世紀後半までの間に関東方面から宮城県へ陸路を使って移民があったことを確認している。しかし七世紀中葉以前の人の動きについてはわからない。

その点、東北地方で奥羽山脈の東側に住んでいた弥生人については、須藤隆の「弥生時代の東北地方」（『宮城考古学』2号　二〇〇〇年）から読み取ることが出来る。須藤は、東北地方の弥生時代の遺跡や出土品の中に遠賀川式土器や遠賀川系土器があることから奥羽山脈の東側、すなわち弥生時代に太平洋側に弥生人が生活していたことは確かだとしている。遠賀川式土器については、『日本史広辞典』（山川出版社一九九七年）に次のとおり書いてある。

弥生前期の土器の総称。中山平次郎が福岡県水巻町の立屋敷遺跡で採集の土器を無文の第一系土器と有文の第二系土器に分類し、前者が先行するとした。それに対し小林行雄が畿内の土器の分析から後者を西日本一帯に分布する弥生前期の土器であることを明らかにし、立屋敷遺跡が遠賀川の自然堤防上にあることから、総称として遠賀川式土器と命名。伊勢湾岸地域以西の西日本に分布するが、東日本にも点在する。遠賀川式土器とともにその影響を受けた遠賀川系土器は東北北部にまで及ぶことが判明しており、その分布は弥生文化の波及を示す。

須藤の論文には、山内清男が岩手県二戸市を流れる馬淵川水系の支流の十文字川上流域にある足沢《たるざわ》遺跡から遠賀川式土器が出土したことを見出したと紹介して、続けてこの遠賀川式土器が北九州から馬淵川上流域まで運ばれたと指摘している。加えて、須藤は、近畿、北陸、中国地方の日本海側、あるいは伊勢湾地方から遠賀川式土器が多数運ばれて来たことも指摘している。しかし、その経路については言及していない。

筆者が示した表6は、須藤の表を筆者なりに整理したものだ。須藤は論文の中に「東北地方における弥生式土器の型式変遷と基準資料出土遺跡」という東北地方の遺跡一覧を掲載している。この須藤の表は、東北地方を北部、中部、南部に分け、さらにそれぞれの地域を六期の弥生時代に分けて、Ⅰ・Ⅱ期を弥生前期、Ⅲ・Ⅳ・Ⅴ期を弥生中期、Ⅵを弥生後期と区分して該当する欄に遺跡を張り付けている。その一覧表を筆者が奥羽山脈を境に東西に分けて配列し、別途須藤が示した遠賀川式土器及び遠賀川系土器が出土したという弥生前期の遺跡を太字で示した。

この表6を巨視的に見る。まず、西日本と同じように遠賀川式土器や遠賀川式土器づくりの技術を取り入れた人たち、すなわち水田稲作を営んでいた人たちが、弥生時代前期に、東北地方の日本海側でも太平洋側でも広まっていたということが読み取れる。須藤は弥生前期を実年で示していないが、須藤の弥生時代前期がこれまでの一般的な区分に従ったとしても紀元前に当たることは間違いない。岩手県二戸市の足沢遺跡がある地域は、航空写真でみると山麓から棚田が小川沿いに細長く延びて、その小川が馬淵川につながっている。また、足沢付近の地図上に表れる地名には全て沢の字がついている。これら

表６　東北地方における弥生土器の型式変遷と基準資料出土遺跡（須藤隆）
（南北に走る奥羽山脈を境に　筆者が日本海側（西）と太平洋側（東）に区分して表示）

弥生時代時期		日本海側（西）		太平洋側（東）	
		東北地方北部			
		津軽地方	米代川流域	下北・八戸	
前期	Ⅰ	**砂沢　宇田野(2)** 五輪野	諏訪台c 寒川Ⅰ 館ノ上館	**是川中居 剣吉 松石橋 八幡　畑内　金田一川**	
	Ⅱa	**砂沢** 五所 新明町	・	**二枚橋** 瀬野 大石平 風張2 足沢	
	Ⅱb	・	・	馬門	
中期	Ⅲ	井沢 田舎館1 宇鉄2	・	表館Ⅱ	
	Ⅳa	田舎館2　田舎館3	・	・	
	Ⅳb	・	・	念仏間 弥栄平	
	Ⅴ	・	大岱Ⅰ	大石平 上尾駮2	
後期	Ⅵ	鳥海山	猿ケ平 大岱Ⅰ・Ⅲ	千歳 上尾駮2 足沢	
		東北地方中部			
		雄物川水系	最上川水系	北上川・北上山系	仙台平野
前期	Ⅰ	**地蔵田B** 狸崎A	生石2 蟹沢 上竹野	**大日向Ⅱ** 山王Ⅳ上	**十三塚** 飯野坂**山居**
	Ⅱa	**地蔵田B** 湯沢A 横長根A	蟹沢 松留 石田A	馬場野Ⅱ　谷起島　中神 湯舟沢 青木畑	福浦島下層 カラト塚
	Ⅱb	横長根A 志藤沢 手取清水	蟹沢 地蔵池 生石2	山王Ⅲ 中神 谷起島 湯舟沢 上村貝塚	福浦島 寺下囲 原　長岫
中期	Ⅲ	手取清水　宇津ノ台	蟹沢 地蔵池 松留	谷起島 寺下囲貝塚	船渡前 原 富沢（泉崎前）
	Ⅳ	宇津ノ台	・	山王囲 橋本 境目A	桝形囲　南小泉　高田B 中在家南 富沢
	Ⅴ	・	・	境目A	十三塚 崎山囲 山口　下ノ内浦
後期	Ⅵ	・	・	湯舟沢 上ノ原 宮沢	・
		東北地方南部			
		阿賀野川水系		磐城・相馬海岸	阿武隈川水系
前期	Ⅰ	**墓料**		作B **荒田目砂畑**	**根古屋** 薬師堂
	Ⅱa	**墓料**		成田 岩下A	鱸沼　鳥内　根古屋 御代田
	Ⅱb	・		岩下A	**鱸沼　鳥内**
中期	Ⅲa	南御山Ⅰ　墓料　宮崎		・	鱸沼　孫六橋　鳥内
	Ⅲb	・		龍門寺	滝ノ森
	Ⅳa	南御山Ⅱ　（六ノ瀬）		・	柏山
	Ⅳb	一ノ堰B		桜井	円田 柏山
	Ⅴ	川原町口		桜井 天神原	福良沢 陣場
後期	Ⅵ	館ノ内		伊勢林　輪山　八幡台	伊勢林 明戸

※太字ゴシックは　遠賀川系土器出土遺跡　（須藤隆の図から選出）

のことから、この地がおそらく湧水も豊かな地域だろうと推測できる。そうすると先に触れた初期水田稲作適地の条件を満たしている地域だと言える。ただ、安曇族がかかわった証拠がないから、アヅミ地やアヅミ地プラスと言うわけにはいかない。

なお、近年の研究結果によっては弥生時代の始まりが従来の紀元前三世紀からもっとさかのぼる傾向がある。だが、弥生時代の始まりと言っても北部九州で弥生時代の生活が始まっても関東では縄文時代のままの生活が何百年か続いていたように、現代の消費税が日本列島全国一斉に上がるような同時性はない。そんなこともあって筆者は、中国大陸の春秋時代紀元前四七三年に、呉越戦争で敗れて現在の福岡市の志賀島周辺に渡って来た呉人（安曇族）が弥生時代を拓いたことを基に紀元前四七三年を弥生時代開始年に固定することを拙著で提唱している。

話が横道にそれたが元に戻す。おそらく同表の弥生時代前期に遠賀川式土器や遠賀川系土器が出土した遺跡付近には足沢遺跡と同じように初期水田稲作適地の条件を満たしている地域もあるだろうが、机上でいくらそれらの条件を推測しても現地を踏査していないだけに推測の域を出ないので、アヅミ地プラスと断定するわけにはいかない。だから、これは今後の課題にしておく。なお、足沢の小川は馬淵川につながり青森県の八戸市から太平洋に流れ出るが、先に触れたように、当時、太平洋を使う航路はないから、西日本からこの足沢へ水田稲作の技術や人が入った経路は、前記二番目の日本海と河川利用経路か三番目の陸路利用しかない。

再度この表6を見る。奥羽山脈を挟んで東北地方の東西に遠賀川式土器や遠賀川系土器が出土した遺跡がある。これは、東西の交流があったと言うことか、それとも、西は船を使って日本海から、東は陸路をたどって、と東西別々にこれらの弥生水田稲作の指標とされる土器が入ったというのか。このことを考えてみる。

時代は紀元前に当たる。同表の中の津軽地方の青森県弘前市にある砂沢遺跡から紀元前の水田稲作跡地が検出され、遠賀川系土器も出土している（須藤）。このことは紀元前に弘前市の砂沢まで水田稲作が伝わっていたことを証明している。また、須藤によると、東北地方の北部では、西の津軽地方も東の下北・八戸地方も含めて広範囲に弥生前期文化が広がっていたそうだ。

一方、先の岩手県二戸市の足沢遺跡から出土した遠賀川式土器は、遠賀川系土器のように土器製作技術を身に着けた足沢の人が足沢でつくったのでなく、遥か遠い西日本でつくられたものが、北部九州から馬淵川上流域の足沢まで持ち込まれたと指摘されている（須藤）。要するに、九州方面の西日本で製作された土器が岩手県二戸市まで輸送されたということだ。土器の重さや数量はわからないが、輸送中の破損など考え合わせると人が持ち歩くには不向きな品物に違いない。もっとも、一気に運び込んだのでなく年代をかけて人から人へ、地域から地域へと移動したとの考えもあるだろう。だが、陸路だと必ず川を渡らねばならない。橋がない時代だ。ともかく陸路は難儀なことに違いない。誰しも陸路輸送に比べて水路を使った船輸送の方が安全で楽だと思うだろう。そこで船を使っての輸送だと仮定しても、西日本から岩手県二戸市の足沢まで一気に運んだとは限らない。では、どうやって西日本の土器が東北地方の岩手県二戸市まで運ばれたのだろうか。

ここで話を変えて海人と農耕民の大きな違いを指摘しておく。海人は、漁労、航海、商売もする。言い換えると、魚の群れを追いかけて根拠地を離れて移動することもあれば、日本列島各地、及び中国大陸、朝鮮半島へ品物をもって航海し、その行った先の地で売りさばいたり、仕入れたりすることもある。限られた地先の魚介類を獲る漁民はともかく、海人の基本的生活は移動である。それに対して、水田や畑地を耕作する農耕民は、生産の場イコール生活の場だから、土地を離れることができない。どうしてもその土地で生活できなくなったり、他により良い土地があったりすれば移動移住することもあるが、農耕民の基本的な生活は定住である。

安曇族は、航海を得意とし、商才にも長けた海人である。詳しくは拙著『安曇族と徐福』（龍鳳書房 二〇〇九年）、『弥生時代を拓いた安曇族』（龍鳳書房 二〇一三年）などを参考にしていただきたい。繰り返しになるが、彼らは、紀元前に中国大陸などの農耕民で新天地を求める亡命希望者を船で輸送して、日本海側の河川を遡って木製農耕具でも水田稲作が出来る、湧水が豊かな山麓地に沢田や谷田が拓ける初期水田稲作適地への入植の世話をしている。筆者は、その地に安曇族に由来するアヅミ系の地名を付けたところをアヅミ地と称した。でも、安曇族が入植の世話をした地の全てに、アヅミ系の地名を付けたとは限らない。そのアヅミ系の地名が付いていないが、安曇族が関与した地をアヅミ地プラスと名付けて探そうとしているが、今のところ皆目わからない。その探索の試みの一つとして、アヅミ系苗字と安曇族との結びつきの関係を調べているわけだ。

紀元前の時代に、水田稲作が始まった東北地方の奥羽山脈の西側に、稲作農民を輸送して入植を世話し、その後も自立できるまで世話出来たのは、行動力のある海人の安曇族以外にいない。だから、東北地方の日本海側河川の上流の山麓で、初期水田稲作適地にも安曇族が農耕民の入植を世話したはずである。だからと言って、海人の安曇族が、船を使えない奥羽山脈の峠を越えて、馬淵川水系の岩手県二戸市の足沢の地まで入植の世話をしたとは考えにくい。

また話が横道に入る。一般的に生物の種は、その群集が必要とする食量が限界に達すると、個体数を抑えるか、個体の大きさを小さくするか、新天地を探して分かれて行くかの方法で対処する。生物の一員である人間にもこの法則は当てはまる。山麓の初期水田稲作適地に入植した農耕民たちも、狭い谷田では集落の家族が増えると食料不足になる。そうすると他所に適地を求めて分かれて行くか、新しく伝わって来た鉄製農耕具などを使っての開墾、あるいは水を供給する灌漑工事などで、下流域へ耕作面積を広めるなどで対処したはずだ。おそらく、先の二戸市の足沢遺跡は初期水田稲作適地を求める前者の例で、六枚の水田跡が発見された青森県弘前市の砂沢遺跡は、進んだ耕具などを使って新田開発をした後者の例と言えよう。

二戸市の足沢遺跡は、鉄製の耕具など新しい技術や道具が入る前に、初期水田稲作適地の新天地を奥羽山脈の東側に求め、生活できる場として足沢の地を得て住み着いた。言わば分家である。分家は、親兄弟がいる本家を年に数回訪ねたことだろう。その機会に、安曇族などが持ち込んだ新技術や情報が伝った可能性が考えられる。これが西日本の文化が、東北地方の奥州山脈を越えて東側に波及した経緯である。

なお、足沢などの新天地の探索には、奥羽山脈の山中に小動物を追っている過程で、あるいは朝日が奥羽山脈の山に上る姿を眺めながら、理想郷を思い浮かべて峰に上るなどで東側にも初期水田稲作適地があることを見つけ出した。これは、ミツバチの分蜂など生物が、新しい集団をつくるなどの繁殖活動を人も採ると考えると理解できるかと思う。足沢遺跡から陸路を運べそうにない遠賀川式土器が出土した史実から考えると、船で東北地方へやって来た海人の安曇族が、奥州山脈より西側にあった初期水田稲作適地へ入植者へ運び込んだ。その地を本家とし、足沢に分家が出来たと考えていいだろう。二戸市の足沢の地は、安曇族が船で直接情報提供や遠賀川式土器を搬入できる位置にないので、西側の地を経由しての入手であることは間違いない。

弘前市の砂沢遺跡は、農耕具の発展が関与している。鉄製の刃を使った進んだ農耕具などは農耕民が独自に開発できるものではない。だから、それらの新製品や情報をもった人の往来があったことになる。農耕具や稲の品種改良も含めた新しい技術は、海人の安曇族が外から持ち込んだはずだ。それ以外にない。安曇族は、入植者への生活支援（貸与）をし、その後自立できると、それまで面倒を見て来た見返りとして、生産物の米などを税として徴収する（返済）。だから、毎年、安曇族は現地を訪ねる。そのときが新技術を入手する機会だ。紀元前に、砂沢の地で当時としては広い水田を開発できたことは、先進技術を伝える訪問があったことを物語っている。当時、西日本から東北地方まで日本海を航行できるだけの行動力をもっていたのは海人だけだ。その海人の中でも、全国のアヅミ地などに実績の足跡を残している安曇族以外の海人は考えられない。なお、この安曇族が行った支援とその返済の原理について、もう少し詳しく知りたければ前掲の拙著『安曇族と徐福』を参照していただきたい。

ここでは奥羽山脈の西にある青森県弘前市の砂沢遺跡と同山脈の東にある岩手県二戸市の足沢遺跡とだけを取り上げたが、東北地方で奥羽山脈の東側すなわち太平洋側に水田稲作農耕民が住み、耕作地が広がっているのは、一言で言ってしまえば、奥羽山脈を越えて東の太平洋側と西の日本海側とをつなぐ河川水系があったからだ。そのつながりとは、西の米代川水系と東の馬淵川水系、西の雄物川水系と東の北上川水系、西の最上川水系と東の阿武隈川水系が奥羽山脈の峠を経てのつながりである。

西日本から船で日本海を航海して東北地方へやって来た安曇族が、現代の秋田県の能代港（能代市）から米代川水系に、秋田県の秋田港（秋田市）から雄物川水系に、山形県の酒田港（酒田市）から最上川水系に、それぞれ奥羽山脈の山麓までさかのぼって初期水田稲作適地に水田稲作農耕民を入植させ、その後、交流交易を続けた。そこから先は、安曇族の手を借りないで農耕民自身が、奥羽山脈の峠を越えて東側の太平洋に流れ込む各河川水系の支流に入り水田稲作を広めて行った。

肝心なことは、東北地方の奥羽山脈の東側に弥生人が定住した以降、他の地域の知識や技術に頼ることなく独自で発展したことは考えにくいので、少なくとも年に一度か二度、新しい農耕具をはじめ当時の先進技術や物資、知識などが入って来るシステムがあったはずだということだ。それは陸路が未発達の時代には水路、すなわち船を使って海と河川を行き来する交通輸送網を使って、海人の安曇族が日本海に流れ込む河川を利用しての交易ルートを持ち、奥羽山脈越えのルートは弥生人の農耕民自身が担っていた。この船、海、河川を利用する海人の操船術、航海術の存在とその活躍があったことを視点に置いて、考古学的資料や知識を見直すと、弘前市の砂沢遺跡の水田をはじめ古代日本、殊に弥生時代の始まりやその後の発展が理解できるかと思う。

かなり寄り道をしたが、これで現在の宮城県に紀元前時代に入った水田稲作農耕民は、直接安曇族との結びつきはなくても、日本海側から河川を使って奥羽山脈を越えて移り住んできたことが理解できる。一方、先に紹介した村田論文で関東方面から宮城県へ陸路を使って、七世紀中葉から八世紀後半に移民があったとの指摘がある。そうすると、それまでの数百年間、船で直接現在の宮城県に安曇族が関与した痕跡はなさそうだということもわかったので、現在の宮城県のアヅミ系苗字集落と安曇族との関係は、七世紀中葉以降で考えて行けばいいということになる。

ここまで、紀元前に、東北地方の奥羽山脈東側に弥生文化・技術をもつ人が住んでいたことの確認や七世紀中葉以前は安曇族と直接でなく間接的な関係があるという話を回り道、寄り道、横道に入りながら書き綴った。次に安曇族と宮城県とのかかわりに焦点を絞って、宮城県で日本列島最初の金が採れた話から入っていく。

東北地方と安曇族との結びつき

先の村田論文で宮城県に関東方面から移民があったという七世紀中葉以降、日本列島で初めて陸奥国の小田郡から金が出ている。このことは、『続日本紀』（以下、宇治谷孟現代訳、講談社学術文庫を使用）に、聖武天皇の天平勝宝元（七四九）年四月、天皇が東大寺に行幸し、盧《る》舎那《しゃな》仏像《ぶつぞう》の前殿に出御し、北面の像に向かって、左大臣の橘宿禰諸兄《もろえ》に、次のとおり百済王敬福《きょうふく》が金を献上したことを述べさせたとある。

「三宝《ほとけ》の奴《やっこ》としてお仕え申し上げている天皇の大命《おおみこと》として、盧舎那仏像の御前に申し上げよう、と仰せられます。この大倭国では天地の開闢以来、黄金は他国より献上することはあっても、この国にはないものと思っていたところ、統治している国内の東方の陸奥国の国守である、従五位上の百済王敬福《くだらのこにきしきょうふく》が、管内の小田郡に黄金が出ましたと申し献上して来ました。これを聞いて天皇は驚き喜び貴んで思われるに、（以下省略）」

七四六年来造立中だった奈良東大寺の大仏（盧舎那仏像）の鋳造が七四九年秋に完成した。その仏像を鍍金（注6）するのに欠かせない金が、大仏の完成に呼応するかのごとくグッドタイミングで同年春、これまで日本列島から採取できなかったのに、現在の宮城県涌谷町で採れたと言って九〇〇両（三三・七五キログラム）注7）貢進して来た。だから、大仏造立をビッグプロジェクトに掲げて取り組んでいた聖武天皇が、大喜びされたのは当然だ。その喜びは、元号を天平から天平感宝に、さらに大平勝宝に改め、金の生産に関与した人たちに、大盤振る舞いしたことにも表れている。

従五位上だった陸奥守百済王敬福を従三位に、従五位下だった陸奥介佐伯宿禰全成《またなり》と、鎮守判官《ちんじゅのじょう》大野朝臣横刀《たち》をそれぞれ従五位上に、正六位上だった大掾《だいじょう》余足人《あぐりのたるひと》と（技術指導として）、金を獲た上総国の丈部《はせつかべ》大麻呂をそれぞれ従五位下に、その他、小田郡の地元の人や金を精錬した左京の人、金が出た山の神主（現宮城県黄金山神社）などを特進させている。また陸奥国には三年の調・庸を免除、同国小田郡にはそれを長く免除する。その年限は後の勅で告示するのを待て。また、ことごとく天下の今年の田租を免除した（『続日本紀』）、といった具合であった。

注6：鍍金とは金メッキのことで、金を水銀に溶かしてアマルガム（合金）をつくり銅製の仏像に塗り、仏像を暖めて水銀を蒸発させると金が深く食い込みメッキされる。

注7：金などの重量単位は、大両（三七・五グラム）と小両（一二・五グラム）が使われる。敬福の貢金九〇〇両にはその大小の別が記入されていないが、大両の可能性が高い（鈴木舜一）。

この聖武天皇が大喜びされた背景には、それ以前に日本列島で金が採れたという詐欺事件があり、今度こそ本物だという思いがあったのかもしれない。その詐欺事件とは、『続日本紀』によると、文武天皇の六九八年に対馬嶋司に命じて金の鉱石を精錬させたとあり、続いて七〇一（大宝元）年に対馬嶋が金を貢じた、とある。文武天皇は喜んで、元号を新しく大宝とした。文武天皇は、大倭国忍海郡（奈良県御所市及び葛城市の一部）の三田首五瀬《みたのおびといつせ》を遣わして黄金を精錬させていたのだ。喜んだ天皇は詔を発して、五瀬に正六位上の位や封五〇戸と田一〇町などを授け、雑戸の名を免除して良民とし、また、対馬の嶋司（国司）と郡司の主典《さかん》以上の位を一階昇進させたのをはじめ、その他金生産関係者に褒美を与える大判振る舞いをした。ところが、この対馬の錬金は五瀬の詐欺で、対馬から産出した金ではなく、輸入品の金だったことが発覚したそうだ。

これは、『続日本紀』に、六七四年、対馬国守の忍海造大国《おしぬのみやつこおおくに》が「この国で初めて銀が出ましたのでたてまつります」と言って来た、とあるように、対馬には銀が産出された実績があった。それに、文武天皇の時代は、六九八年に因幡国から銅、伊予国からナマリ（金偏に葛）と白ナマリを、七〇〇年に丹波国に錫を献上させた、と記載されているように鉱物資源開発ラッシュで、そろそろ金が出てもおかしくない雰囲気だったのだろう。だからこの詐欺事件は、それらを布石に仕組んだだけに文武天皇もころりとだまされた。ただ、大宝と言う元号だけは、この詐欺事件を語り継ぐかのようにそのまま残っている。

話を陸奥の金に戻して、百済王敬福と安曇族との結びつきを探る。百済王敬福の曽祖父善光（または禅広六〇一～六八七年）は、百済最後の王となった義慈王《ぎじおう》の王子で倭国と百済が同盟を結んだときの人質として兄の豊璋とともに倭国に来た。兄の豊璋は翹岐《ぎょうき》という名の人物と同一人物だと言われている。『日本書紀』に、この翹岐を阿曇山背連（比羅夫）の家に住まわせた、とある。これは、同盟国百済の王家の王子という大切な人質を預かっていた阿曇連が、倭国と百済の双方から信頼される存在であったことを物語る。

では、この奈良東大寺の大仏の金メッキ用の金を収めた百済王敬福と安曇族との接点を『日本書紀』

と『続日本紀』を主史料として探ってみるが、その説明はややこしい話になる。まず、安曇族と百済など朝鮮半島とのかかわりを『日本書紀』などから拾い出して列記する。

・六四二年（皇極天皇元年）阿曇連比羅夫《あづみむらじひらふ》を百済に遣わす。
同年　百済国王義慈《ぎじ》の王子翹岐《ぎようき》を阿曇連比羅夫の家に住まわせる。（注8）
・六五七年（斉明天皇三年）西海使《にしのみちのつかい》（現在の外交官）の阿曇連頬垂《あづみむらじつらたり》が百済から献上された駱駝一匹・驢馬二匹を連れて帰国。
・六五八年（斉明天皇四年）西海使の阿曇連頬垂が百済から帰国し、「百済が新羅を討った」と報告。
・六六〇年（斉明天皇六年）百済国の義慈王は、新羅・唐連合軍に敗れ百済国滅亡。
・六六一年（斉明天皇七年）天智天皇は、阿曇連比羅夫を前将軍、阿部引田臣比羅夫《あべのひけたのおみひらふ》を後将軍として朝鮮半島へ派遣し百済を救援に向かわせる。注9
・六六二年（天智天皇元年）大将軍の阿曇比羅夫の軍が一七〇隻の船を連ね人質だった豊璋（翹岐）を百済王に継承すべく朝鮮半島へ乗り込むが失敗。
・六六三年（天智天皇二年）白村江の戦で倭国・百済連合軍敗退。阿曇連比羅夫戦死。注10
・六六四年（天智天皇三年）百済王善光（敬福の曽祖父）らを難波に住まわせる。注11
・六七〇年（天智天皇九年）阿曇連頬垂を新羅に遣わす。

注8：翹岐は豊璋と同一人物説が有力。倭百済同盟の人質。
注9：七月斉明天皇崩御、派遣当時天智天皇はまだ皇太子。翌六六二年が天智天皇元年。
注10：九月二七日に、阿曇比羅夫が落命したとされているのを受けて、安曇族ゆかりの地で知られる長野県安曇

野市の穂高神社では、現在、毎年九月二十七日に阿曇比羅夫を偲んで御船祭りを行っている。

注11：天智天皇三年に百済王と王の称号がついている。

以上のことを少し整理する。倭国と同盟を結んでいた百済が、六六〇年に唐の力を借りた新羅に滅ぼされると、天智天皇は、六六一年に百済救援のため阿曇連比羅夫を前将軍、阿部引田臣比羅夫を後将軍として朝鮮半島へ派遣した。さらに、翌六六二年に、倭国は同盟国百済の人質として阿曇家に住まわせていた豊璋を百済王にして再興させようと、大将軍の阿曇比羅夫の軍が一七〇隻の船を連ねて朝鮮半島へ乗り込んでいる。ただし、これは結果的に失敗に終わる。さらに、六六三年に白村江で、倭国・百済同盟軍は、豊璋を百済王として新羅・唐同盟軍と戦うが敗れ、豊璋は唐に連行されて百済の再興は完全に望みを絶たれ、阿曇連は戦死した。これら阿曇連比羅夫や頬垂に関する記述、それに前述の阿曇連の家で百済の人質を預かったことなど合わせると、安曇族と百済との関係が深かったことは確かである。

ところで、この白村江の戦いのとき、豊璋の弟の善光（禅広）は、日本列島に留まっていたので、兄の豊璋がいなくなった後の六六四年に、天智天皇は、善光を百済王と称して難波に住まわせている（『日本書紀』）。その善光（禅広）が兄豊璋と一緒に阿曇連の家に預けられていたかどうかはわからないが、ともかく安曇族と百済王善光との間も親密だったと推測できる。ただ、善光の時代から八〇余年経ち、日本列島から最初に金を産出した七四九年の百済王敬福の時代になって、安曇族と敬福とのつながりの深さがどのくらいだったのかを測り知る資料を見いだせない。でも厚薄は別にして、安曇族と敬福の間に以上のような関係があったことは確かだ。

一方、安曇族と東北地方とのつながりの資料はある。それは、『続日本紀』に、文武天皇が七〇一年に凡海宿禰麁鎌《おおしあまつのすくねあらかま》を陸奥に遣わして、金の精錬をさせたとある記事だ。前述したように、この凡海氏は、『新撰姓氏録』に阿曇氏とともに海神綿積（海神）豊玉彦神穂高見命の後裔だと出ているので、安曇族と同族だと言われている。だから、文武天皇の時代に、安曇族が東北地方に関与していたことは確かなことだと言える。だが、具体的にどのようにかかわっていたのかについてはわからない。この時、凡海宿禰は金の精錬に成功していない。それは、前述の日本列島で金が生産されたのは、七四九年に百済王敬福が聖武天皇へ献上したのが初めて、とあることからわかる。

東北地方の金と百済人

それでも、七〇一年に凡海麁鎌が金の精錬に務めたと言うことは、陸奥で金が採れるとか、採れそうだとかなどの情報が入ったからであって、何も金にまつわる話もない所に行って金を精錬して来い、と言った命令を出すはずがない。それから推して、百済王敬福が貢金した七四九年より五〇年ほど前から陸奥国に金が採れるらしいことがわかっていたことになる。このことと先に触れた文武天皇（六九七～七〇七年）の時代には日本列島の鉱物資源開発ラッシュだったことを考え合わせると、凡海宿禰が陸奥で金の精錬に務める前の七世紀末以前には陸奥国でも鉱物資源の探索がなされていたということになる。

現在の宮城県の地図に、「日本の鉱山の一覧」（ネット検索ウィキペディア）と「石之巻圖幅地質説明書」（農商務省地質調査所　一八九二年）にある金鉱山を落とし、図4に示した。「石之巻圖幅地質説明書」には陸前国に属する地は、牡鹿郡の大部、桃生郡の過半、宮城、黒川、志田郡の小部とある。これを大雑把に見ると、現在の石巻市を中心に、東は女川町、西は涌谷町、北は大崎市の一部、南は七ッ浜町に囲まれた地域になる。図4を見ればわかるとおり、牡鹿半島とその付近の島から北へ海岸沿いと北西に向かった一帯に金鉱脈があり、宮城県は金の産地であることがわかる。

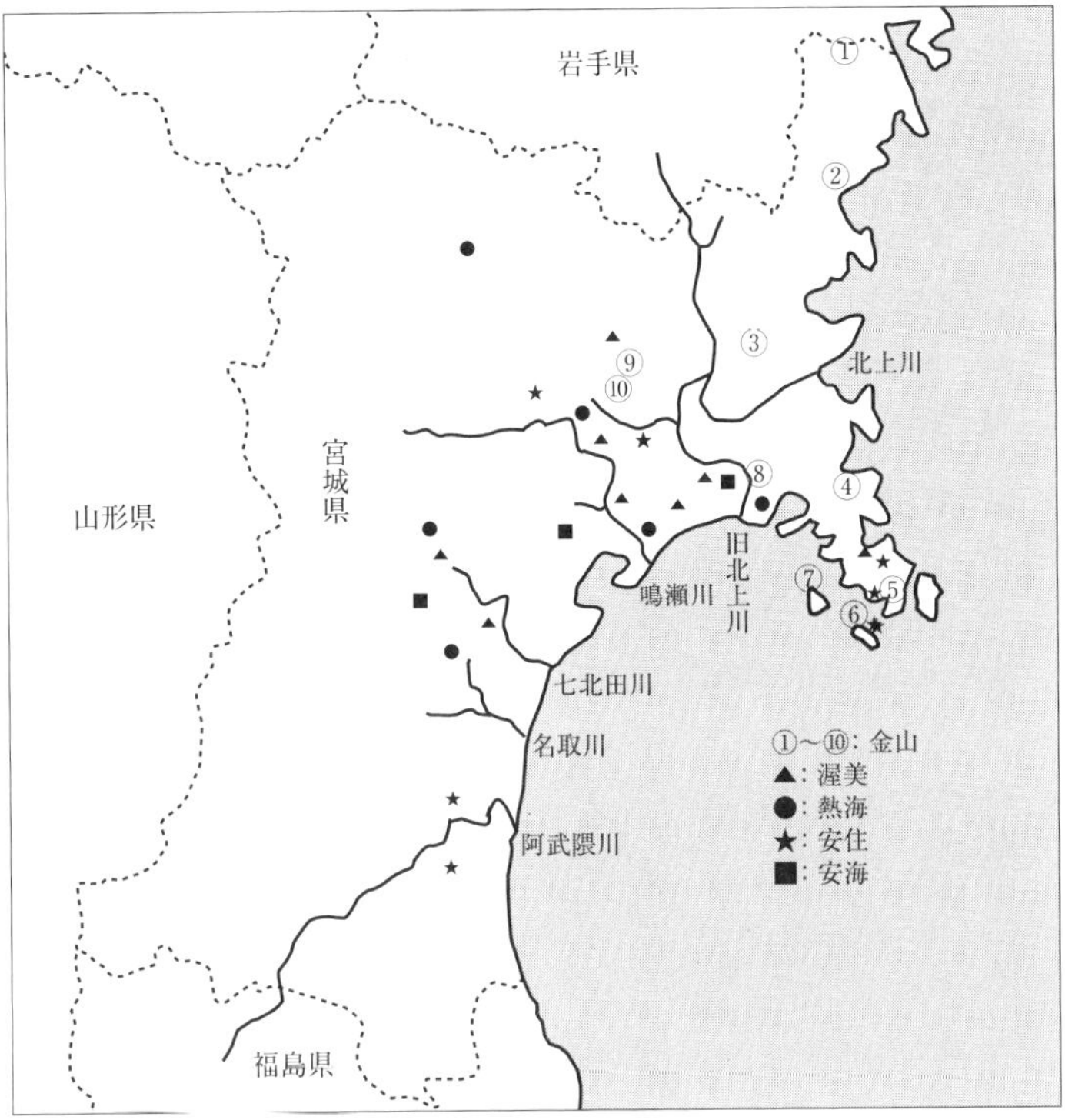

図４　宮城県の金山とアヅミ系苗字

ところで、鉱物資源の探索、採掘、精錬といった技術が日本列島で独自に開化・進歩したのだろうか。これは無理だろう。この金鉱脈の存在を最初に見出したのは、それに関する知識や技術をもっていた百済人と見て間違いなかろう。本格的な金属の採鉱及び精錬技術、それに土木工事技術などは、情報だけで伝播するものではなく、技術を身に着けた人が移動してきて伝わるものだ。百済は、製鉄技術や他金属の採鉱技術を中国大陸から学びとっていた。現在の宮城県に入植した百済人たちは、持っていた知識で山の形や川にあった砂金などから金鉱石があることを知ったのであろうが、それ以前に住んでいた土地の人は、それらの知識がなかったので、金鉱石の存在に気付いていない。

また、凡海宿禰や百済王敬福は、金採鉱に関する知識は持っていたとしても、単身で陸奥国に赴任したわけでなく、金の採鉱や錬金にかかわる百済人が取り巻きにいたはずだ。それでは、いつ頃、陸奥国に百済人の採鉱技術者は入っていたのだろうか。それに関して『日本書紀』から六六三年の白村江の戦い後、百済人が日本列島への渡来や日本列島内での移動にかかわる記事を探すと次のとおり。

・六六五年（天智天皇四年）　近江国の神崎郡に百済人四〇〇人余りを住まわせ田を給せられた。

・六六六年（天智天皇五年）　百済の男女二千人を東国に住まわせ、国費で三年間食を賜る。

・六八四年（天武天皇十三年）帰化を望んできた百済の僧尼および俗人の男女合わせて二三人は、みな武蔵国に住まわせた。

これらの他にも、防衛のため百済の技術を活用して山城を築いた記事などもある。そうかと言って、『日本書紀』に百済人の渡来に関する記事の全てが記載されているわけではないだろう。でも記載事項だけを見ても、白村江の戦いの後に、百済人が祖国を捨てて日本列島の倭国に渡来し、その百済からの亡命者を時の政府は日本列島の未開地に住まわせたことは確かだ。これらのことから推して、この七世紀後半から末にかけての時代に、百済人の家族を陸奥国に住まわせて、独立できるまでの食料などを給付したと考えていいだろう。これは、現在の宮城県に関東方面から七世紀中葉以降に移民があったという村田論文に整合する。

『日本書紀』の東国が具体的にどこを指すのかわからないが、天智天皇の時代に東国から対馬などに防人を派遣しているが、このときの東国に現在の茨城県、福島県以北は入っていない。これに従うと六八四年まで公式には宮城県に百済人は移り住んでいないことになる。だが、陸奥にも凡海宿禰が入る七〇一年以前に、百済人が入植していたから金が採れたとか、あるいは、採れそうだとの情報が得られ、それが朝廷まで伝わったのだ。

ところで、古代の鉱物生産のことを調べていたら井上孝夫の「古代採鉱民族の構成」（『下関市立大学論集』巻三六　一九九二年）にたどり着いた。筆者が初めて安曇族について書いた『安曇族』（二〇〇四年、郁朋社）よりも一二年ほども前に、井上は、すでに安曇族と鉱物生産に言及していた。そんなことも知らずに安曇族を追いかけていた筆者としては「恐れ入谷の鬼子母神」の脱帽だ。その井上論文には、阿曇氏（安曇族と同義）は鉱物採集を業とする海洋民族という表現で、安曇族が海と鉱山に結びついていることを指摘している。その井上論文で安曇族に関する箇所の論旨は大略次のとおり。

日本最古の鋳鉄製の鋤先は、下関市豊浦町から出土した紀元前二世紀に、中国大陸の江南地方で生産されたものだ。これには、当時、博多湾一帯で活動していた阿曇氏の存在がかかわっている。阿曇氏は『古事記』に、阿曇連は綿津見神の子「宇都志日《うつしひ》金拆命《がなさくのみこと》」の子孫と出ている。この「金拆」は製鉄民を表わしているから、阿曇氏は鉱物採集を生業とする海洋民族だったということになる。古代の日本列島における製鉄・製銅など鉱物資源の利用を始めたのは、北部九州と本州西端の地にあって、中国大陸江南地方系の渡来製鉄民族と朝鮮半島系の渡来製鉄民族との融合した人たちであった。

この井上論文を基にして宮城県のアヅミ系苗字の集落と金との関係をみると、安曇族が金の採鉱を通じて安曇族と結びつく可能性はより大きくなる。だが、井上論文は安曇族を鉱物と結びつける根拠が宇都志日金拆命だけであり、また、綿津見神と住吉神社の筒男三神を同一視して論調を飛躍させるなどがあり、まだ完全なものと言い難い点もある。

しかし、前述の文武天皇が対馬の金の精錬を確認しないで命じたことから推して、七〇一年に凡海に金の精錬を命じたことも陸奥の金の確認をしてないのかもしれないが、繰り返すが、何か陸奥で金が採れる可能性のある情報をもっていたから出した命であることは間違いない。そうかと言って、金をはじめ鉱山資源の有無を判断することも、それを取り出すことも素人にはできない。知識をもった鉱山技術者が陸奥にいたはずだ。それに金の採鉱となると集団での対応であろうから、陸奥で金を精錬するようにと命じられた凡海氏は、当然、配下に鉱山資源生産にかかわる技術者集団と繋がっていたことになる。この凡海氏は、先述のとおり、阿曇氏と同じ海神綿積神豊玉彦神穂高見命の後裔だから、安曇族と同族だとも言われている。そうすると、安曇族は海人だけでなく鉱山技術者集団でもあったとする井上論文の指摘もうなずけるわけだ。ということで、井上論文は、これまで安曇族とアヅミ系苗字とのつながりについて手探り状態だった筆者にとって、一筋の光明を見る思いがする。

なお、井上論文にあるように、もし安曇族が海人であるとともに、鉱物生産にも携わる集団であったのであれば、これまで筆者が前記『安曇族と徐福』で定義して来た、安曇族の定義を改めなければならない。ただ、筆者の定義が弥生時代の初期を対象にしたのに対し、井上論文にある安曇族が鉱物資源にも関わっていたとする時代はずいぶん後という大きな時代のずれがある。前述のとおり、日本列島で初めて銀が生産された公式記録は、『日本書紀』にある対馬で六七四年の天武天皇の時代だから、安曇族が鉱物資源にかかわったとしても、筆者が定義した安曇族との間には、一〇〇〇年ほどのずれがある。それはともかく、安曇族の定義を改めるとすれば時代を考慮する必要がある。それはともかく、安曇族の定義の改訂については後述する。

宮城県のアヅミ系苗字と安曇族仮説

本章は、これまでの成り行きからアヅミ系苗字と安曇族との結びつきを探ることが主題になってきたが、ここまで確たるものは何もつかめていない。でも、その探る過程で得たことはあった。それは、これまで安曇族を海人という視点からだけ捉えて、宮城県に西日本から海路を船で航行できないから、宮城県と安曇族との関連性はないものと考えていたが、金の採鉱を通じて、現在の宮城県と安曇族が無関係でないことがわかった。ここまでは現存する資料を基にした事実と言って構わないだろう。筆者としては、これらの事実を基に考えを進めると、宮城県のアヅミ系苗字と安曇族との接点をある程度推し量ることはできる。言葉を換えると、仮説を立てることはできるということだ。その仮説を後に続く研究者が批判しながら前に進むことを願って次に記述しておく。

くどいようだが、念のため断っておく。ここから先、事実を基にした推察であるから、「だろう。」「はずだ。」「可能性がある。」などの表現をとり、それらの推察と事実を明確に区分するために、事実は事実と断ることとする。まず、百済人は集団で日本列島に亡命して来た時、倭国はどのように対処したのだろうか。いわゆる密航でない限り、倭国政府は、中国大陸や朝鮮半島との玄関口として設けた九州の筑前国にあった太宰府が対処している。これは事実。その具体的な対処の仕方は、百済人からの聴取や当座の寝泊まりする所、食料の衣食住の世話などが伴ったはずだ（推察）。言葉が通じなければ通訳も必要だっただろう。その通訳は、前述の安曇族と百済との交流から推して、以前から百済など朝鮮半島と船を使って交易をしていた安曇族や宗像族の海人集団にはできたはずだ。

この安曇族や宗像族と太宰府とのつながりは、対馬に配置された防人への食糧輸送などの役目を交替で従事していた事実からわかる。それは、『万葉集』の中にある「筑前国の志賀の白水郎《あま》の歌十首」の「大君の　つかはさなくに　さかしらに　行きし荒雄ら沖に袖振る」（三八六〇）などにある。この白水郎の歌は、神亀年代（七二四〜七二九年）に、太宰府から対馬の防人への食糧を輸送する役を命じられた宗像族の船頭（宗形部津磨）が、自分は歳を取ったから安曇族の船頭（荒雄）に交代を頼み、それを荒雄が受けて輸送中に遭難した海難事故を悲しんで歌われたものだ。安曇族や宗像族は太宰府の海上輸送を当番制で受け持っていた事実がある。太宰府との結びつきからみても、安曇族が百済人の亡命者集団と無関係ではないと推察できる。

百済人の亡命希望者は、朝鮮半島から北部九州へ渡るときに、自分たちで航行した人たちも、安曇族や宗像族の倭国の海人によって筑前国へ運んでもらった人たちもいただろう（推察）。亡命した百済人が太宰府の管轄下に入ると、筑前に一時住まい、そこから摂津国百済郡（難波）へ移動して仮住まい、さらに東国などの未開発地に配置という手順で定住するようになるはずだ。安曇族などが、筑前で百済人の衣食住の面倒を見る役や、大和への海上輸送を受け持つ役を担っていた可能性はある。輸送力から考えても亡命者は一度に大挙渡来したわけではなかろう。では、その百済人亡命者集団を太宰府や安曇族などは、どう呼んでいたのだろうか。渡来した順に百済一、百済二などの番号制を使うか、識別しやすい固有名詞を使って呼ぶことになっただろう。と言うのも、こういった集団ごとの識別がなされないと、食料給付や定住配置などで混乱する。だから、人数や給付量などを何らかの形で記録、すなわち文字で表しておく必要性があったはずだ。そう考えると、文字で表す呼び名がないと不便だから、何か固有名詞の呼び名を付けたことになる（推察）。ただ、この時代にナンバー制は馴染まなかったかと思う。

余談になるが、ある遺伝子に関することを書いた本を読んでいたら、Y染色体をO3a3cやO3a3bなどと出ていた。こういう記号が出て来ると、この世界の門外漢としては記号を覚えることだけでも大変なことだ。いちいち振り返っての確認作業がつきまとう。これらの記号が二つや三つでなく何十個も出て来るとそれだけでギブアップだ。正直言って田中、佐藤と言った表現に換えて「日本人は田中染色体をもつ人が多い」などと書いてもらった方が覚えやすいと思った。台風やサイクロンなどに女性名をつけるのも、数字より馴染みやすいからだろうか。このような筆者の体験に照らしてみると、七世紀頃ナンバーで識別するより、漢字で表した方が解り易かったはずだと思う。

ところで、現在の苗字の付け方について振り返ってみる。江戸時代に苗字を使用していたのは、公家や士族などの支配者と庄屋、名主などの特権者に限れていた。明治政府は、明治三（一八七〇）年に平民苗字許可令を定め平民にも苗字を名乗ることを許したが、平民は使用しないものが多かった。そこで明治八（一八七五）年に平民苗字必称義務《へいみんみょうじひっしょうぎむ》令《れい》を出して、平民に苗字を名乗ることを義務付けた。そこで多くの平民は、以前から非公式に使っていた苗字や祖先が名乗っていた苗字を名乗ったが、それらがないものは、庄屋やお坊さんに苗字を付けてもらうなどで新たに苗字を名乗ることになって現在に至っている。

安曇族は、先に示したように、宗家を阿曇と呼び、弥生時代の初めに入植を世話した初期水田稲作適地へアヅミ系の地名を付けた（アヅミ地）。その際、阿曇の文字は使わず安曇、安津見などの文字を使った。この地名の付け方に照らして、百済人の亡命者を集団ごとに識別するため安曇族が対応した百済人亡命者集団に、阿曇の文字は使わずに安曇、安住、安積などの文字を使ったアヅミ系の呼称を使って識別していた可能性は考えられる。これらが基盤になって、後世苗字をつけるときのアヅミ系苗字に結びついた。それが今日の宮城県内のアヅミ系苗字でないだろうか、と考えるがいかがだろうか。ここが本稿で最大の推察になる。

なお、宮城県涌谷町がホームページで「涌谷をとりまく自然」という町の歴史を紹介している。内容は、涌谷町は日本最初の金が生産された地で、百済王敬福が献上して奈良東大寺大仏の鍍金に使われたことなどだ。それらの中の一つに、坂東国（関東）や陸奥国の南部から涌谷町がある大崎平野と石巻平野へ移住して来た人たちは、移住前に住んでいた故郷の地名を新たに定着地の郡名や郷名に付けたことが紹介されている。おそらく懐かしい故郷を想っての地名付けだろう。これらの習わしに従うと、現在の宮城県にあるアヅミ系苗字の渥美、安積、安住、熱海、安海、安曇の移住者集団が、出身地の地名に関連する地名を付けてもおかしくないかと思うが、先に触れたとおり、アヅミ系の地名があるアヅミ地に苗字のアヅミ系がない。現在の宮城県からアヅミ系苗字と同じ地名を探し出せたのは女川町浦宿浜安住だけだった。この地名の安住がいつの時代に付けられたのかはわからないが、安住という文字が安心して住む、住める、の理想郷を求める地名にも通じるところから付けられた地名の可能性もあり、また、もともと安住という地名があるところへ、移住したから苗字を安住と名乗った可能性もある。もっとも、百済人の亡命者としては、故郷を嫌な思いで出て来たわけだから、故郷に関連する呼称や地名は付けたくなかったかも知れない。ともかく、現時点で筆者にはその答えが出せない。

ここまで宮城県のアヅミ系苗字を調べて来たが、宮城県のアヅミ系苗字の人たちが安曇族の子孫かどうかという問題に答えを出せない。かなり無理してでも出すと、次のように安曇族の定義を付して、宮城県のアヅミ系苗字は安曇族の子孫だと答える。

その安曇族の定義だが、この定義については、拙著『安曇族と徐福』で次のとおり表した。

安曇族については、狭義と広義の二つに分けて捉えねばならない。狭義は、中国春秋時代に江南地方を根拠地にして、船を使った戦さ上手だった呉国が越国との戦いに敗れ（BC四七三年）、臥薪嘗胆のリベンジ精神をもって北部九州へ渡り、博多湾の入り口にある現在の福岡市東区の志賀島を根拠地に活動した海人集団。広義は、その海人集団である安曇族の手助けで、中国大陸から日本列島の初期水田稲作適地へ入植した、江南地方の稲作農耕民、工人、商人の集団とした。これは、弥生時代に限って、海人と農耕民のような海人でない安曇族とを区分するための定義であったが、それから五〇〇から一〇〇〇年も経った後を対象にした研究で、先の井上論文のように、鉱物採集を業とする海洋民族、という表現で安曇族を捉える人がいたり、金の精錬で安曇族の凡海宿禰と採鉱技術をもつ百済人が無縁ではなさそうだとなると、安曇族を狭義と広義に二分しただけでは収まりそうにない。そこで先の定義を次のように改めさせていただく。この定義に関しては、未だ研究途上だということでご容赦願いたい。

紀元前四七三年の呉越戦争を契機に、現在の博多湾周辺に渡ってきた呉国の海人を主体にした人の集団を海人（あまの）安曇族、その海人安曇族の手助けで中国大陸から渡来した稲作農耕民を農耕安曇族、主に採鉱や精錬の技術を持って朝鮮半島から渡来し、海人安曇とつながりをもつ集団を冶金安曇族と称す。ただし、いずれも、現代の日本の発展の基礎を築いた人たちという条件をつける。海人安曇族、農耕安曇族、冶金安曇族を総称して安曇族と呼ぶ。この定義に従えば、宮城県のアヅミ系苗字の集団は、安曇族の子孫と言える可能性があるという推察結果になる。

以上で筆者のかなり苦しい仮説は終わりだが、これまで雑多なことを述べて来たのでわかりにくかったかと思う。そこで東北地方の太平洋側、すなわち奥羽山脈の東側と安曇族との結びつきについて総括すると次の五つに整理できる。

一つ目は、紀元前には安曇族と直接的なつながりはなかったが、間接的なつながりがあった。それは、奥羽山脈の西側の日本海へ流れる川と東側の太平洋に流れる川を通じて弥生人とその技術や文化が入って来たこと。

二つ目は、『新撰姓氏録』からみて、安曇族だとされる凡海宿禰が七〇一年に、文武天皇から金の精錬のため陸奥国に赴くよう命じられ、直接安曇族が陸奥国に入ったこと。

三つ目は、七世紀中葉から安曇族と親密な交流関係にあった百済国王の子孫の敬福が、現在の宮城県湧谷町から採れた金を奈良東大寺の大仏の鍍金のために献上したこと。

四つ目は、安曇族が百済人の受け入れと日本列島内での入植にかかわってきたことが推察できること。

五つ目は、安曇族は海人だけでなく鉱物採集をする鉱山技術者も抱えていたとする井上論文に従えば、凡海宿禰が陸奥国に赴く前から、冶金安曇族が東北地方に入っていた可能性が高いこと。これを本章の結論とする。

先に、安曇族と東北地方との結びつきは、奈良の大仏さんの鍍金に使った宮城県涌谷町から産出された金が、六六三年の白村江の敗戦後に日本列島へ移住した百済人の鉱山技術と関係し、その百済人と安曇族が、如何にかかわっていたのかが鍵になると書いた。また、輸送力から考えても百済人の亡命者は一度に大挙渡来したわけではなかろう、とも書いた。それは、白村江の戦いで船も操船できる海人もその多くが犠牲になり、日本列島と朝鮮半島の間を航海が少なくなったはずだという先入観からだった。しかし、本冊子の脱稿後も、百済人の日本列島に関することは続けて探っていた。その過程で筆者は、自分が如何に浅学であるかということを思い知らされた。

それは、直木孝次郎の『日本古代の氏族と国家』（吉川弘文館　二〇〇五年）の「百済滅亡後の国際関係」で、『日本書紀』の天智十（六七一）年十一月の項に、「唐の使人郭務悰《かくむそう》ら六百人、送使沙宅孫登《さたくそんとう》ら千四百人、総計二千人が、船四十七隻に乗って比知島《ひちしま》（韓国領の巨済島南西の比珍島？）につきました。」とあり、対馬経由で日本への渡海があったことを知った。念のため手元にある宇治谷孟訳文の『日本書紀』（講談社学術文庫一九八八年）を開けてみると、その箇所にマーカーペンの跡があった。すっかり忘れていたが、筆者は以前目を通していたのだ。直木の書を読むと、この一四〇〇人は白村江で戦った時の日本人捕虜の返還だと書いてある。東北地方の金の採掘と百済人との関係を調べる過程で百済人の日本列島への渡来の手がかりを探していただけに、その点では期待外れだったが、そこには百済人説や唐人兵説も紹介してあり、関係文献も出ていたのでそれらにも当たることにした。

直木の書を一通り読んで、以前読んだような気がしたので、手持ちの直木の書『古代日本と朝鮮・中国』（講談社学術文庫　一九八八年）を開いた。この一四〇〇人について、「近江朝末年における日唐関係―唐使・郭務悰の渡来を中心に―」のタイトルで、『日本古代の氏族と国家』と大筋でほぼ同じように記述されていた。これも以前目を通していたのだ。読んだ当時、関心がなければ読んでもすぐ忘れる。これは若い時からそうだったが、加齢とともに忘れることに拍車がかかったようだ。

愚痴はさておき、直木の記述内容に関しては後述するとして、まず『日本書紀』（宇治谷訳文、以下同じ）の記事で郭務悰にかかわる箇所を抽出するとつぎのとおり。

① 天智三（六六四）年

「五月十七日、百済にあった（注12）鎮将《ちんしょう》（宇治谷注、占領軍司令官か）劉仁願《りゅうじんがん》は、朝散大夫《ちょうさんだいふ》郭務悰《かくむそう》らを遣わして、（上奏文を収めた）表函《ふみひつ》と献物をたてまつった。」

「冬十月一日、郭務悰らを送り出す勅をお出しになった。この日鎌足は沙門智祥を遣わして、品物を郭務悰に贈られた。四日、郭務悰らに饗応された。」

「十二月十二日、郭務悰らは帰途についた。」

〈この間の滞在七か月弱〉

注12：百済にあったとは、「旧百済の地を統治していた」の意。

②の1 天智四（六六五）年

「九月二十三日、唐が朝散大夫沂州司馬《きしゅうしば》上柱国《しょうちゅうこく》劉徳高《りゅうとくこう》等を遣わしてきた。全部で二百五十四人。七月二十八日に対馬着。九月二十日、筑紫につき、二十二日に表函をたてまつった。」

注書きに―等というのは右戎衛郎将《ゆうじゅえいろうしょう》上柱国《じょうちゅうこく》百済禰軍《くだらのねぐん》・朝散大夫柱国郭務悰をいう―とある。

「十一月十三日、劉徳高らに饗応された。」

「十二月十四日、劉徳高らに物を賜った。この月、劉徳高らは帰途についた。」

〈この間の滞在三か月弱〉

②の2 百済（前掲注書）の鎮将劉仁願は熊津都監府熊山県令上柱国司馬法聡らを遣わして、大山下境部

連石積らを筑紫都監府に送ってきた。

③の1　天智八（六六九）年

「大唐が郭務悰ら二千余人を遣わしてきた（この項、天智十年十一月条と重出するので誤記だろうとされている）。」

③の2　同年、小錦中河内直鯨らを大唐に遣わした。

④の1　天智十（六七一）年

「十一月十日、対馬国司《くにのみこともち》が使いを太宰府に遣わして、『今月二日に、沙門道久《どうく》・筑紫君薩野馬《さちやま》（百済救援の役で捕虜となった）・韓島勝沙婆《からしまのすぐりさば》・布師首磐《ぬのしおびといわ》の四人が唐からやってきて、唐の使人郭務悰ら六百人、送使沙宅孫登《さたくそんとう》ら千四百人、総計二千人が船四十七隻に乗って比知島《ひちしま》に着きました。語り合って、今吾らの人も船も多い。すぐ向こうに行ったら、恐らく向こうの防人は驚いて射かけてくるだろう。まず道久らを遣わして、前もって来朝の意を明らかにさせることにいたしました、と申しております』と報告した。」（この項、直木の文にもあり）

「一月十三日、百済にある鎮将劉仁願が、李守真を遣わして上表文をたてまつった。」

〈同年十二月、天智天皇崩御。〉

④の2　天武元（六七二）年（注：郭一行は年を越して滞在）

「三月十八日、朝廷は内小七位阿曇連稲敷《あづみむらじいなしき》を筑紫に遣わして、天智天皇のお崩れになったことを郭務悰らに告げさせた。郭務悰らことごとく喪服を着て、東に向かって三度挙哀《こあい》（声をあげて哀悼を表わす礼）をし、東に向かっておがんだ。」

「三月二十一日、郭務悰らは再拝して、唐の皇帝の国書の書函《ふみばこ》と信物《くにつもの》（その他の産物）とをたてまつった。」

「五月十二日、鎧、甲、弓矢を郭務悰らに賜わった。この日郭務悰らに賜わったものは、絁《ふとぎぬ》千六百七十三匹、布二千八百五十二端、綿六百六十六斤であった。三十日、郭務悰らは帰途についた。」

〈この間の滞在六か月弱　越冬〉

以上の記事の中に特筆に値する史実がある。一つは、六六三年の白村江の戦後一年も経過しない翌六六四年にいわば敗戦国の日本に戦勝国の唐が朝鮮半島から日本列島へ渡って来たこと。それも六七一年までの八年間に四回来日し、各回の滞在期間が三か月から七か月と長いので、この八年の半分弱の間は、唐人が日本に滞在していたことになる。ただ、太平洋戦争後に米国が占領軍としてマッカーサーを日本に配して統治したような形ではなく、唐は外交の使者として日本に来朝している。もう一つは、その使者団の中に郭務悰が四回中三回に加わっていたことである。この郭務悰が百済人であったと言う人もいるが、その点は後ほど検証する。

特に六七一年に来朝した時の郭務悰一行は、総勢二〇〇〇人で四七隻の船に分乗して来たと言うのだから、この期間で最も数多い来朝者になる。その二〇〇〇人の内六〇〇人は唐人と断っていることから推して、残りの一四〇〇人が唐人でないことは確かだ。では、どんな人たちだったのだろうかというと、『日本書紀』に記載されていることからだけ判断すると、百済人か新羅人かあるいは日本人が該当する。だが、その中で新羅人は、直木も指摘しているように、白村江の戦いでは同盟国だった唐と新羅が敵対関係になり、六七一年は交戦状態だったことから考えてあり得ない。したがってこの一四〇〇人は百済人か日本人のどちらかになるが、その判別がつく記録はない。そこでいろいろ推察されるわけだ。

これらに関する事項を再び直木の書から拾い出し、直木が文献から拾い出して紹介している諸説及びそれに対する批評と直木自身が主張している説は大略次のとおり。

一四〇〇人に関する諸説

一、百済人難民説

・池内宏は『満鮮史研究』（吉川弘文館　一九七九年）で、六〇〇人の大部分は熊津《ゆうしん》都督府の唐人で、一四〇〇人は百済人の避難民が安住の地を求めて日本に渡来したとしている。この説に対して、直木は、渡来百済人の日本国内での移住先が示されていないこと、郭務悰一行が帰国の際、賜物（土産物）の数に端数があること、難民を半年間も筑紫に逗留させたこと、そもそも百済人の難民という証拠がないことなどを理由に百済人説は理解できないとしている。この項については詳しく後述する。

・井上光貞は、池内説を支持して、郭務悰の渡来目的を百済人難民と軍事物資交換のためだと『日本の歴史　第三巻―飛鳥の朝廷』（小学館　一九七四年）で主張している。

二、唐人の政治工作及び軍隊説

・鈴木治は『白村江』（学生社　一九七二年）で、郭務悰一行は兵力として大きくないが、日本を唐の傀儡政権にするために軍人・官人・諜員など政治工作員の一団が渡来したと推定している。鈴木は、関与した具体的な事例として、天智天皇政権が親百済で反唐だったから、大海人皇子（天武天皇）の壬申の乱を助けて親唐の傀儡政権を樹立するのが郭一行の目的だと言う。直木は、この説に対して、想像は面白いが、実際には、天武朝が一度も遣唐使を派遣していないなどの矛盾点があると指摘している。

・森克己は『遣唐使』（至文堂　一九五五年）で、大和岩雄は『古事記と天武天皇の謎—壬申の乱の謎—』（一九七九年六興出版）で、日本を威圧するための兵や近江朝廷を支持するための軍隊説を挙げている。

三、日本人の捕虜説

・直木は、前掲の『日本古代の氏族と国家』と『古代日本と朝鮮・中国』で、白村江の戦の後、唐は白村江の戦後、新羅と交戦状態に入っていたので、唐は日本人の捕虜の返還と交換に日本へ唐軍を支援する軍隊の派遣を求めて来たと言う。この捕虜説については、松田好弘が「天智朝の外交について—壬申の乱との関連をめぐって」（『立命館文学』一九八〇年）で、直木に先行して論文を発表していたことを直木自身が紹介している。

以上が直木の記述を筆者なりに読み取ったあらましだが、続いて記述に出ていた直木の捕虜説を一旦はずして、百済人難民説と軍隊説に対して直木が疑問を呈した池内、井上、鈴木、森がそれぞれ記した書を読む。

四者が使った資料で主だったものは、『日本書紀』『旧唐書《くとうじょ》』『三国史記』『善隣国宝記』などでほとんど同じものだが、六六三年の白村江の戦いで日本と百済の連合軍が唐と新羅の連合軍に敗れた後の捉え方で、日本と唐との外交に関する考え方が二つに分かれる。池内と井上は和親関係が築かれたと受け止めているのに対し、鈴木と森は唐が侵攻してくる敵対関係と受け止める正反対の違いがある。具体的な違いを説明する前に、六六三年の白村江の戦い前後の日本・百済・唐・新羅の動きを池内ら四者の書から読みとり、その概要を次に紹介する。

六六〇年に、唐は高宗の時、同盟国の新羅と共に百済を攻め滅ぼして、百済の義慈王、太子隆のほか王族一三人と大佐の千福以下七百余人を捕虜にした。その中から義慈王と太子隆を含めた五八人を唐の東都洛陽に送った。さらに、唐は、百済の故地を熊津《ゆうしん》・馬韓《ばかん》・東明《とうめい》・金連《きんれん》・徳安《とくあん》の五つに分けてそれぞれに都督府を置いて統治した。

六六一年になると、唐と新羅は高句麗討伐にとりかかった。一方、百済では旧支配者階級が降参しても百済人の抵抗が続き、各地に百済を再興させようとする反乱が起きた。中でも百済の元将軍の鬼室福信《きしつふくしん》が率いる兵は復興軍として優勢で、その福信に旧百済の西部と北部の百済人は呼応した。これに対して唐と新羅は、軍事力を強化させ福信らを攻めた。そこで、福信らは友好関係にあった日本に軍事支援と、日本が百済から人質として預かっていた義慈王の王子の余豊璋の送還を求めて来た。日本は別働隊を遣わして余豊璋を百済へ送った。

六六二年に、日本は、大将軍大錦中阿曇連比羅夫連が軍船一七〇艘を率いて百済支援に応じ、余豊璋が百済王に就いた。形の上では百済が復活したわけだ。

六六三年になると、唐が大軍を派遣したので、百済復興軍は再度日本に派兵の支援を求めて来た。天智天皇は前将軍に上毛野《かみつけの》君稚子《きみわかこ》、中将軍に巨勢神前臣訳語《こせのかむさきおさ》、後将軍に安倍引田臣比羅夫を起用して派遣した（阿曇連比羅夫の説もある）。だが、百済では王の豊璋と百済人に対する求心力がある福信との間で仲が悪くなり、豊璋が福信を謀反の疑いで殺害してしまった。そんな状況の中で日本と百済の連合軍は、唐と新羅の連合軍と白村江で戦って敗退した。

この白村江の戦いで注目されることは、三年ほど前に唐の捕虜となって洛陽へ送られていた百済の義慈王の太子隆が、唐軍の水軍の将として、かつて自分らが王家として統治していた百済の市民や同じ義慈王の王子の豊璋を王位に就けて立ち上がった百済軍と日本軍とを相手に戦っている。この太子隆を使った唐の行動は、囲碁将棋で言えば、取った飛車を自軍の駒として使う将棋の戦いだ。これは現代の感覚ではなかなか理解しにくいことだが、七世紀当時の戦は、この裏切り、寝返りなどにも通じる将棋的な感覚だったことを頭に置いて時代を読まねばならないのだろう。後に太子隆は熊津都督府の長（現代だと州知事）に就いている。

六六四年に、唐は、当初、劉仁願を百済の故地の鎮将に当て、旧百済の太子隆を熊津都督に就任させた。この人事は、百済の故地に残っている唐・新羅に対する旧百済人の抵抗勢力を封じることと旧百済と新羅との和親のためだと考えられている。この百済の王子を旧百済の地に、言わば現代日本の知事のような形で就かせたことは傀儡で、見方によっては、唐の統治下ではあるが形を変えての百済復活とも言える。だが、これは先述した戦後の日本に米国のマッカーサーが占領軍司令官として就き、その配下に日本政府が置かれていた政治体制に似ているようだ。

その熊津都督府は、白村江の戦いの翌六六四年に郭務悰ら三〇人や百済人の佐平（官名）の禰軍《ねぐん》ら百余人に劉仁願の牒書（親書・手紙の類）を携えさせて日本に派遣した。だが、日本の朝廷は、唐国でなく熊津都督府だから私書の扱いをして受理していない。その後、この郭務悰は、後述するが六七一年までの間、都合三回訪日している。

直木が指摘する難民説への疑問点

先にも触れたが、直木が池内らの百済人難民説を疑問視して、理解できないと指摘した理由は次の四点、①日本国内では渡来人の移住先を記すのが通例だが、一四〇〇人に関してはそれが示されていないこと、②郭務悰一行が帰国の際、賜物（土産物）の数に端数があること、③難民を半年間も筑紫に逗留させたこと、④百済人の難民という証拠がないこと。この中で、④の百済人の証拠がないのは、直木の捕虜説も同じだからここでは採り上げないこととして検証する。

まず、①の移住先が示されていないという指摘の基は、『日本書紀』の六六三年から六六九年までの間に日本に渡来した百済人と、六八四年から六八七年間の渡来人については、国内での移住先が次のとおり記されている。ただ六七一年の一四〇〇人に関してそれがないことを指している。

・六六三年、白村江の敗戦後、百済人たちは弖礼城で日本の将軍たちと会い相談して、妻子にも国を去る（捨てる）ことを教えた。九月二十四日、日本の水軍と佐平余自信ら一般人民は弖礼城に着き、翌日、日本へ向けて船出した。
・六六五年　百済の民男女四百人あまりを近江国の神崎郡に住まわせた。
・六六六年　百済の男女二千余人を東国に住まわせて、僧俗を選ばず食を賜った。
・六六九年　百済人の佐平鬼室集斯ら男女七百余人を近江国蒲生郡に移住させた。
・六八四年　帰化を望んできた百済の僧尼および俗人の男女合わせて二三人は、みな武蔵国に住まわせた。

・六八七年　日本に帰化してきた高麗人《こまびと》五六人を常陸国に居らせ、土地と食糧を賜り、生活できるようにさせた。
同年　帰化してきた新羅人一四人を下毛野国《しもつけのくに》に居らせ、土地と食糧を賜り、生活できるようにさせた。
同年　筑紫太宰が、自ら帰化してきた新羅の僧尼と百姓《はべ》の男女二二人をたてまつった。武蔵国に居らせて土地食糧を給われ、生活できるようにさせた。

確かに　直木の指摘どおり、『日本書紀』には天智・天武・持統天皇の時代に百済人、高麗人、新羅人の移住先は記録されているが、それらの中に、六七一年に郭務悰が連れて来た一四〇〇人に結びつく移住先の記述はない。ここで気になるのは、六六九年までは帰化に関する記述はないが、六八四年以降は「帰化してきた」が添えられている。これは、六七二年から始まった天武朝以降、渡来人に対する処遇が変わり、生活保証を裏付ける条件として帰化が添えられたのだろうか。それとも、帰化しない渡来人がいたことを意味するのだろうか。この点、筆者には判断できないが、それはそれとして『日本書紀』に渡来人全ての移住・定住先が『日本書紀』に記録されているという保証はない。だから、一四〇〇人の移住先が無記載だと言っても、それは傍証になっても確証ではない。
なお、『日本書紀』には、先の一四〇〇人が日本に定住したのか、あるいは、定住することなく引き返したのか明確な記載はないが、『日本書紀』の行間からおそらく日本に定住したのであろうと読み取れるし、直木の捕虜説も大和朝廷が身代金と言える物品を贈って捕虜を引き取ったことを前提にして論

じている

②の六七二年に郭務悰らの帰国に際し、朝廷からの贈物の内訳は、鎧・甲・弓矢もあるが、絁《ふとぎぬ》一六七三匹、布二八五二端（反）、綿《まわた》六六六斤とある。また、贈物に関しては、三年前の六六八年に、調（絹織物か？）を奉った新羅からの使者に対しては、船一艘と絹五〇匹、綿五〇〇斤、なめし皮一〇〇枚を贈っている。両者への贈物の質量を比較すると、郭一行へは絹がなく、粗い絹織物の絁と絹以外の織物の布が多い。対して、新羅の使者に託した新羅王への贈物には絹やなめし皮の言わば高級品がある。郭一行が船四七隻に分乗して二〇〇〇人渡来したのに対して、新羅の使者の一行が船何隻で何人の渡来だったかはわからないが、郭一行に比べれば少数だったことは間違いないだろう。それにもかかわらず真綿の量だけでは大差ない。

これも直木の指摘どおり郭務悰一行への賜物に端数があるのは不自然に思えるが、郭一行は、一四〇〇人を取引材料にした商談であり、新羅の使者は国家間の儀礼を尽くしての外交だから、両者の処遇に違いがあるのは当然だろう。したがって、この贈物の二例は、商談と外交との違いがあって、明確に言えば比較の対象にできないのではないだろうか。

直木の捕虜説への疑問

③の一四〇〇人の逗留期間の問題について、直木は池内らの難民説とは別に大和岩雄との論争がある。大和が、一四〇〇人が日本人の捕虜なら、日本の地で六か月間も唐人六〇〇人だけでは拘束できないのではないか、と疑問視したのに対し、直木は、一四〇〇人を筑紫（九州）本島に上陸させないで、韓国

の比知島（未詳、巨斉島西南か）、福岡市の志賀島、能古島、宗像市の大島などに上陸させて監視体制をとればできる、と反論したと前掲の直木の書にある。

だが、この論争だけで言えば、直木の反論には無理がある。まず、捕虜を取引材料に使ったのであれば、現在の韓国領の比知島では日本としては取引材料の確認が出来ない。確認できないまま取引に応じたとは考えにくいので、比知島逗留はあり得ないだろう。次に渡ってきた四七隻の船の管理という点から検証する。

唐人六〇〇人は最終的に帰国の途についたのだから、彼らだけで操船したことになる。要するに、六〇〇人は、船の乗組員であり同時に六か月間の船の管理者でもあった。この船の管理になると、志賀島、能古島、大島には船の停泊地がない。唐人六〇〇人が四七隻の船に分乗していたのであれば、平均一隻当たり一二人ほどの乗組員になる。当時の船は、この一二人が帆や櫂を操って航海したわけだ。往路は一四〇〇人を指揮して使ったとしても復路は彼らがいない、一二人だけの航海になる。そうすると、帆走を主にした船で、その船型は、迎え風にも帆を使ってさかのぼれる竜骨などをもった船底が尖った形をしていたはずだ。尖底船は台車など特別の施設がないと、砂浜など陸上に引き上げることができない。したがって、船は河口やその近くにある潟湖など水面が静穏な停泊地で管理することになる。先の島には川らしい川がないので、停泊地もなかった。当時の筑紫の国では博多湾に流れ込む御笠川、那珂川などが有力な停泊地だったはずだ。

それに真冬を挟んでの六か月間、唐人六〇〇人プラス一四〇〇人の総勢二〇〇〇人の衣食住環境はどのような状況だったのだろうか。体を寄せ合って膝を抱えて船で生活していたのだろうか。雨露をしのげる甲板がある船だったのだろうか。冬場に強く吹きつける西風をどうやって耐えたのだろうか。仮に防寒服は持っていたとしても、六か月分以上の食料を持参したとは考えにくい。おそらく日本から補給があったと考えるのが至当だろう。それに六か月間、捕虜として監視体制下に置かれていた一四〇〇人にとって、仕事らしい仕事はないのであれば何をしていたのだろうか。狭い船の中だと運動不足も心配だ、健康管理は、などなどわからないことが多い。

さらに考えなければならないことは、捕虜だとすれば、七年ぶりに故国の地を踏んだことになる。命を賭してでも、一日でも早く故郷に戻りたい、家族に早く会いたい、一目見たいと言う願望は人一倍強いはずだ。また、四七隻の船で総勢二〇〇〇人の団体が博多湾に来れば、そのことは周辺の住民に知れ渡る。その中に日本人の捕虜がいれば、食料補給に関与した人や直接顔を見た人から、白村江の戦に出た日本人だとわかったはずだ。

博多湾周辺を根拠地にし、また、百済と親交が深く白村江で戦死した阿曇連が率いる海人の安曇族も数多く白村江の戦いに参戦したはずだ。当然捕虜になった人もいたであろう。彼らが捕虜として博多湾に戻って停泊中の船にいると知れれば、七年前に高齢で参戦出来なかった祖父母や親、それに母親や姉妹の女性たちは黙って見過ごしていないはずだ。また、参戦できなかった子どもたちは戦える若者に成長している。彼らが身内を、同族を、取り返す行動に出てもおかしくない状況だったはずだ。一方、郭務悰一行の弱点は、乗ってきた船が壊されると帰国できないことだ。安曇族がその気になれば、船を焼き払うなどで壊すことはさほどむずかしいことではない。博多湾は月夜の晩ばかりではない。

このように考え、六か月間、郭務悰一行の一四〇〇人が平穏に過ごせた史実に照らすと、直木の捕虜説は疑問視せざるを得ない。もう一つ捕虜説に疑問を感じるのは、日本に軍隊出動支援を求めるのであれば、将棋の駒のように捕虜を自軍の手持ちの捨て駒兵士などとしてなぜ活用しないのかということだ。

このように直木らの一四〇〇人捕虜説を疑問視し、直木の書にある唐人の工作や軍隊説は、空想の域が含まれているので、直木が奇想天外と評すとおりとして採り上げないと、この一四〇〇人は池内らの百済人難民説に帰着する。

百済人不穏分子の日本への追放

ところで、難民説で奇異に感じるのは、唐による新政府の統治から逃れようとした避難民が、統治者の唐の手で日本に送られて来たことだ。これだと難民と言うより移民と呼ぶ方が妥当のように思える。もっとも、当時は人身売買のように大勢の人を運び売り込むことで商取引が成り立ったのかもしれないが、そうだとすると、郭務悰一行が日本に連れて来た一四〇〇人は、先にも触れたように商品扱いだったことになる。それはともかく、この一四〇〇人もの人をどうやって集めたのだろうか。

唐が朝鮮半島で統治を始めた旧百済領地には、六六二年の鬼室福信のような百済を復興させようとたくらむ、唐にとっての不穏分子が残っていたはずだ。いつの時代にも共通するのかもしれないが、政府の言いなりにはならないで、物事の是非を考える能力や技術をもった知識者階層と行動力のある人たちが、政府にとっての不穏分子になる。この不穏分子を一掃することが、朝鮮半島における唐の植民地化にとって重大課題であった。その対処方法としては、不穏分子と思える人を片端から捉えて追放することだ。これは民主主義から遠く離れた時代には、そう難しいことではなかっただろう。

そう考えると、一四〇〇人の扱いは、池内らの難民説でなく、不穏分子の追放になる。海で隔てられている日本列島は、そう簡単に戻れないから島流しの適地でもある。このように一四〇〇人を追放民だと受け止めると、統治者の唐が百済人を日本に送り込み、その上、多少時間をかけてでも利益に結びつく取引を進めて来たことも理解できる。

池内らの百済人難民説でもう一つ気になるのは、池内宏が、室町時代中期の臨済宗夢窓派僧侶の瑞渓周鳳（一三九二〜一四七三年）が撰者になってつくられた『善隣国宝記』（一四六六〜一四七〇年頃）と『日本書紀』（七二〇年）を基に、郭務悰は、唐官を帯びているが熊津都督府の百済人だと指摘し、それを井上光貞も踏襲していることだ。

その『善隣国宝記』には「海外國記曰　天智天皇三年四月　大唐客來朝　大使朝散大夫上柱國郭務悰等卅人・百濟佐平禰軍等百餘人　到對馬島」とあり、また、『日本書紀』天智天皇（六六五年）の項に「唐が朝散大夫沂州司馬上柱国徳高等を遣わしてきた。」の注書きに、「等というのは右戎衛郎《ゆうじゆうえいろう》将上柱百済禰軍・朝散大夫柱国郭務悰を言う」とある。池内は、この『日本書紀』の注書きの「百済禰軍」を「百済将軍」と書き表して「百済将軍朝〈散〉大夫〈上〉柱國務悰」とあるので、郭務悰は唐官を帯びた熊津都督府の百済人としている。だが、「禰軍」（禰は氏）は人名の固有名詞であるから「将軍」と置き換えるわけにはいかないはずだ。それに『日本書紀』では郭務悰より「百済禰軍」を上に書いてあるので、百済が郭務悰までかかっているとも読めるのかもしれないが、池内も引用した『善隣国宝記』では郭務悰が上に書いてあって百済の文字は「百濟佐平禰軍」と禰軍だけにしかかかっていない。そんなことから、『日本書紀』の注書きから、池内が郭務悰を百済人と言い切ることは疑問に思える。もっとも、この池内論文を読んだ著名な歴史学者の井上光貞も直木孝次郎もこの点に触れていない。これも不思議に思える。

安曇族と百済人追放者との接点

それでは追放されて日本に連行された百済人は、六か月間どのような生活をしていたのだろうか。百済追放民一四〇〇人は、白村江の戦勝国と敗戦国との関係があるなかで、唐が大きな軍事力を後ろに控えさせて日本との取引に利用したのだから、日本が唐の要求に応じないわけにはいかない状況下が考えられる。そうかと言って、日本も唐の言いなりになるわけにはいかない。交渉が長引き、その交渉の最中に崩御された天智天皇は苦慮されて、命を縮められたのかもしれない。

郭務悰としては、交渉が長引き一行二〇〇〇人の衣食住の問題を抱えることになった。ただ、郭務悰は、不穏分子の百済人を連れて帰るわけにはいかなことと、日本が取引に応じなければならない状況下であることを承知しているから、先に一四〇〇人の百済人を日本へ渡して交渉を続けることを選択したとしてもおかしくない。

そうすると、当時の大和朝廷は、一四〇〇人の衣食住を保証して預かることになる。その管理責任は、阿曇連比羅夫が百済の人質として王子豊璋を預かったり、六六二年に百済復興のために尽くしたりなど百済と親しかった安曇族に託したことが考えられる。天智天皇の訃報を阿曇連稲敷が郭務悰に伝える使命を帯びたことなども、その傍証に挙げていいだろう。

以上述べて来たことを総合すると筆者の考えは、安曇族が百済人の面倒をみたところに収斂して行く。

余談が多い章になってしまったが、この際ついでに余談を二つ付け加えておく。

その一は、中国大陸や朝鮮半島からの渡来人のほとんどは、それまで日本列島に住んでいた人たちがもっていない知識や技術を身に着けた優秀な人材だった。だから、渡来人がもっていた知識や技術は、日本列島に新たな時代をもたらした。紀元前四七三年以来、中国大陸の春秋時代の呉越戦争で敗れた呉国から渡来した集団の安曇族が、水田稲作農耕を日本列島に広め弥生時代を拓いた。一方、現在の宮城県で金の存在を発見したのも、それまでその地に住んでいた人たちでなく、六六〇年に朝鮮半島で新羅との戦いで敗れた百済の集団だった。百済人は、鉱物資源を探す技術をはじめ、それまで日本列島になかった優れた知識や技術をもった優秀な人材だった。

今日の日本人が世界に誇れる優秀な集団であることは、優秀な人材の遺伝子をもっているからだ。こんなことを言えば自画自賛になり、世界の国々からブーイングが起こるかもしれないが、その根拠は次の考えだ。そもそも戦争になると、知識や技術をもった人たちより、その点では少し劣っていても蛮勇とハングリー精神をもっている方が強い。だから、呉国にしろ、百済にしろ、優秀なるが故に、ある時期まで圧倒的な強さで戦っていたのに、最終的には敗れた。

日本列島を巨視的に見ると、呉国が滅びて水田稲作と金属器使用の弥生時代が拓かれ、百済が滅びて平安文化が育った。日本列島内での戦いの結果をみると、たとえ戦いに敗れても呉国や百済が母国を離れて東シナ海や対馬海峡、日本海を渡って日本列島に移住して来たように、何処かへ移住しようにも太平洋は広すぎて渡れない。移住して行く先がないから、優秀な遺伝子をもった人材の流出がなく、狭い日本列島内に蓄積された。これを自画自賛の根拠の一つに掲げるがいかがなものだろうか。

日本列島は、朝鮮半島から百済人だけでなく、高句麗人や新羅人など多くの人が渡来する。現代の日本人は、これら朝鮮半島から渡来した人と、それ以前に中国大陸から渡来した人、あるいは東南アジアや北の樺太経由で渡来した人たちが生物学的に混じり合って構成されていると見て間違いない。だから、紀元前に中国大陸から渡って来て、日本列島に弥生時代を拓いた安曇族も、千年も経てば朝鮮半島からの渡来人の血が混じっても当然だろう。具体的に言えば、安曇族の中に百済人、高麗人、新羅人などの血が入っているということになる。

その二は、北海道の開拓とアヅミ系苗字の関係である。明治維新後に職を失って没落していく士族の救済やロシアの侵攻に備えての対策として、政府が始めた北海道開拓に、宮城県のアヅミ系苗字の人たちが移住した、と筆者が自分のツイッターに書いた。これに対して、本章を調べるきっかけになった安曇族研究会の安住修会員から次の反論があった。「宮城県の安住氏と北海道安住氏のことについて言及いただいておりますが、私の調べでは北海道安住氏は、鳥取安住氏由来であり、逆に宮城安住氏との関係は低いものと思います。宮城から開拓に入ったのではなく、明治時代中期に鳥取から開拓にあがったはずです。旧池田町の由来がそれを語っています」。

筆者は、表3で北海道のアヅミ系苗字戸数値と宮城県のそれを見くらべれば、両者のアヅミ系苗字が対照的に対応していることから判断してのことだった。そこで、北海道開拓時に貢献した屯田兵の入植について調べてみた。

『屯田兵村の百年』（伊藤廣　北海道新聞社　一九七九年、注14）に屯田兵七、三三一人の出身県（市町村名は限定）

と氏名、同家族を含め三万二八〇八人の入植者数と各人の入植地が掲載されている。その中で、安住苗字を見出せるのは、明治九（一八七六）年に、宮城県大代村（現在多賀城市）の安住源助と伊達藩士で西南戦争に従軍した安住金太郎の二人だけで、他の都道府県は鳥取県も含めて見当たらない。その他のアヅミ系苗字についても調べたが、屯田兵として北海道に移住していない。他の苗字だと鳥取県から三〇〇戸、宮城県からは三二〇戸、屯田兵として北海道に入植している。

もっとも、北海道の開拓で入植したのは屯田兵だけではない。屯田兵は、ロシア帝国の南下政策に関連して北方領土の防備を担い、同時に最も困難な地域を開拓するという二重の重要な任務を遂行する自覚をもって入植した、と伊藤が言うように、明治政府の国防政策でもあったので、入植地域は限られている。『屯田兵村の百年』によると、旧池田町がある十勝平野に屯田兵は入っていない。だから、安住修氏の主張されるとおり、北海道の安住苗字が鳥取県からの移住者も加わっていることはあり得る。

注14：伊藤廣が調べたデータは、「北海道屯田兵倶楽部」（非営利団体）がネット上に掲載している（http://tonden.org/data.html）　屯田兵名簿でも検索できる。

第三章　古代史の前景と背景

金印

時代を問うことなく、ものごとには前景と背景がある。五七年に奴国王（注15）が後漢の光武帝から授かった「漢委奴國王」と刻まれた金印は前景で、その背景には金印授受以前の奴国と中国大陸（前漢）との交流交易がある。このことについては、すでに拙著『安曇族と徐福』で触れた。その主旨は概略、次のようになる。

注15：「奴国」でなく「倭奴国」という説もあるが、本誌では「奴国」として扱う。

金印授受は、後漢が奴国と冊封関係を結んだことを意味する。冊封関係とは、言わば同盟あるいは親分子分の関係を結ぶことだ。後漢が親分で奴国が子分に当たる。前漢も含めて漢は、その力の強さを誇示するかのごとく周辺諸国と冊封関係を結んでいる。ただし子分になるには、いくつかの条件に合致しなければならない。その条件について、大谷光男は遠方から漢に朝貢した国、漢のために戦ったり戦果を挙げるなどで貢献した国、漢に大軍を率いて降服した国などを挙げているが、その他、ある地域の産物を集荷する能力を有し、交易できる国とも冊封関係を結んでいる。だから、冊封を大きくとらえると、子分として軍事同盟を結ぶか、経済同盟を結ぶかのいずれかに値するかを、漢が判断して決めていたと理解して構わない。

経済同盟として産物の集荷と交易の条件を満たしていたのが、インドの産物を漢のために集める役を受けもった滇《てん》国、ベトナムの産物を漢のために集める役を受け持った夜郎《やろう》国だ。前漢の武帝（BC一四一～八七年）は滇国に唐蒙《とうもう》を、夜郎国には張騫《ちょうけん》を派遣して綿密な事前調査をやって、その結果を基に冊封を認めて金印を授けている（滇国の金印は発見されているが夜郎国のものは不明）。

奴国の場合、軍事協力するには両国間に広い東シナ海があり、当時の機動力に照らして漢から兵の出動要請を出すにも、それを受けて出動するにも離れ過ぎているだけに、軍事同盟は該当しない。だから経済同盟なのだ。ただし、後漢が奴国の事前調査をやった形跡はない。

そのことは、五七年に奴国の使者が漢へ朝貢して金印を授受した際、自分たちは春秋時代の呉国の創建者とも言われている太伯の後裔だと挨拶し（「自謂太伯之後」）、また、使者が自分の身分は大夫《たいふ》だ（「倭奴国捧貢朝賀使者自称大夫」）、と告げたことに驚いたのか、記録として『魏略』『後漢書』『晋書』など中国の歴史書に記されている。このことから、その時、後漢の役人が初めて奴国の存在を知ったことがわかる。すなわち、漢は奴国の調査のために使者を派遣していないのだ。では、なぜ事前に現地調査をやらないで冊封を結んだのか、そこが金印にかかわる背景だから読み解かねばならない。

前漢は、農業に重点を置き商人を軽く扱う政策をとり、紀元前一一九年に塩・鉄・酒を専売制として鉄製品などの輸出をはじめ交易を禁じた。それでも、商人は秘密裏に交易をしていた（『史記』「大宛列伝」）、ということだから、奴国が、前漢の交易禁止令以前から取引をしていた商人と、秘密裏に交易を続けていたとしてもおかしくない。それに対して、後漢の光武帝は、挙兵のときからこれらの商人の力に支えられて、政権の座について重商主義をとっている。

長年奴国が取引していた商人が、いわば政商となり、光武帝の側近として支えていれば、改めて奴国の経済を事前に調べなくても、その政商が奴国の集荷力など経営状況を承知していたというわけだ。奴国が後漢以前から交易をしていたことは、五七年に洛陽へ行った奴国の使者の言葉が通じたことからも、また、政権交代があったことを知ったタイミングでの朝貢からもわかる。当時、日本列島から中国大陸へ渡り、交易が出来たのは航海術に長けた海人以外にいない。その海人の中でも日本列島から視界に入らない中国大陸に渡る動機と力をもっていたのは安曇族だけだった。

古代史の研究者の中には、冊封関係を結ぶのは日本列島を代表する機関であって、奴国のような一地方国にはできないという人もいるが、それは当を得ない考えだ。冊封は、先述の日本列島の産物を集める能力と、それを輸送する能力を有していれば、国の大小に関係なく結ばれる。滇国や夜郎国の場合、周辺に大小の国があったにもかかわらず、前漢の武帝は、事前調査に基づき周辺諸国を全部滅ぼしてこの集荷能力のある両国と冊封関係を結んでいる。

以上が金印という前景の陰に隠れた背景であるが、これをもって背景の全てと言うわけではない。むしろ一部だと捉えるべきであろう。ところで、志賀島で発見されて、現在、福岡市の博物館に展示されている金印について、刻まれている「漢委奴國王」の文字の読み方が「かんのわのなのこくおう」ではないと言った議論や金印そのものが偽物だなどという議論もあるが、これらの議論が前景だけでなく、背景に照らしながらなされると違った考えも出て来るはずだから背景を大切にすることを勧める。

「魏志」倭人伝

中国大陸では、後漢が二世紀末から衰退すると、三世紀の始めに魏・呉・蜀がそれぞれ国を建てた。その後、二六三年に魏が蜀を滅ぼし、二八〇年に魏を引き継いだ西晋が呉を滅ぼして統一した。この間を三国時代と呼び、その歴史書として、西晋の陳寿（二三三〜二九七年）が著述と編集（撰者）した中国正史が『三国志』である。『三国志』は、『魏書三〇巻』、『呉書二〇巻』、『蜀書一五巻』の都合六五巻で構成されている。その『魏書』の中に大項目の「伝」が三〇巻あり、さらに、それぞれ小項目の「伝」に分かれている。大項目の第三十巻目は「烏丸《うがん》鮮卑《せんぴ》東夷伝」があって、その中に小項目の「東夷伝」がある。さらにその「東夷伝」は、夫余《ふよ》・高句麗《こうくり》・東沃沮《とうよくそ》・挹婁《ゆうろう》・濊《わい》・韓・倭伝の七細項目に分かれている。通称「『魏志』倭人伝」、あるいは、「『魏志』巻三〇・東夷伝・倭人の条」と言われるのは、細項目の倭伝の中にある記述を指している。

陳寿のプロフィールは、今鷹真・井波律子が訳した正史『三国志』（ちくま学芸書房　一九九二年、）に、「中国・西晋の歴史家。安漢（四川省）出身。蜀に仕え、蜀滅亡後は晋に仕えた。その著『三国志』は魏を漢の正統を継ぐ国とし、簡潔な名文をもって知られる。」とある。『三国志』は二八〇年代に完成したと言われているので、二三三年生まれの陳寿が五十歳代に書いたことになる。

筆者は、邪馬台国がどこにあろうとそれほど関心をもっていない。だが、傍から邪馬台国論争を岡目八目的に見ていると、学問というより信仰に似ているように思える。九州説は九州を信じ、近畿説は近畿を信じ、それぞれ信じることに結びつく事象をつまみ出しては、もっともらしい理屈をこねる。九州の中でもピンポイントで抑えたい人は、自分の信じた位置を主張するために理屈をこねる。自分が信じるものを信じる宗教では当然でも、学問としてはお粗末だ。それでも議論している人は、知的好奇心云々を基にした学問論争と思い込んでいるらしい。考えてみるがいい、真理を追究するはずの学問の世界が、京都大学派と東京大学派などと大学で分かれること自体がおかしい。研究者個人が独自の考えを持っていないのだろうか、たとえ、当初は持っていなくて、後で気が付いて考えが変わっても、一度足を踏み入れた学派から足を洗えないのだろうか。邪馬台国論争は、なんだか窮屈そうで学問以前の学問の世界に見える。その点、独自の考えで取り組んでいる市井の研究者の方が、学問らしく見えるから皮肉だ。憎まれ口はこのくらいにして「『魏志』倭人伝」（以降、「倭人伝」と略す）に戻る。今鷹らの紹介にもあるように「倭人伝」を書いた陳寿は優れた文才をもっていた上に、心血を注いで書き上げたと主張する人は多いようだ。そこまで突っ込んで「倭人伝」を読んだことがない筆者に、その辺のことはわからない。だが「倭人伝」を読みそれを基に邪馬台国論を述べる場合、次のいくつかの背景を頭に置いて、それに照らしながら検証すべきであろうかと思う。その背景を列記する。

一、「倭人伝」を書いた陳寿自身は倭国に足を踏み入れていない。だから自分の足・目・耳で調べて「倭人伝」を書いたわけではない。倭国に現地調査で渡ったのは魏から派遣された使者だ（以下、魏使と称す）。陳寿は魚豢《ぎょけん》が書いた『魏略』（石原道博「魏志倭人伝」一九五一年、岩波文庫）や魏使が書いた報告書を資料に使って「倭人伝」を書いている。この陳寿が倭国に行っていないことは、次のことからわかる。卑弥呼が二四八年に亡くなり、その後、倭国乱れて壱与《とよ》が出て治まったところで「倭人伝」は終わっている。だから「倭人伝」の現地調査は二五〇年辺りで終了したということになる。そうすると、この魏使による倭国の現地調査がなされた当時、二三三年生まれの陳寿は、十代後半であり、また蜀が滅びる二六三年まで蜀に仕えていたことから判断すると、魏使として倭国の現地調査に携わっていないことは明瞭だ。

二、倭国の現地調査に派遣された魏使も、自分の足で書いた部分と倭人などから聞き取って書いた部分がある。帯方郡から邪馬台国に至る行程や行く先々の地理などは、自分の足と目を使って書くことも出来ただろうが、行政体制・各地の伝承・女王国の南にある侏儒《しゅじゅ》国・裸国・黒歯国の話などは聞き取りによる。また、風習・産業・産物などは自分の目と聞き取りを併用している。

三、「倭人伝」は、当時の倭国に関してわかっていたことの全てを書いているわけではない。先述の奴国王が太伯の後裔という項は、石原（前掲）が指摘しているとおり『魏略』の逸文に記載されているにもかかわらず、陳寿は「倭人伝」に書いていない。中国大陸に金印授受に関する資料があったにもかかわらず、陳寿は「倭人伝」に書いていない。これらは、「倭人伝」が『三国志』の『魏書』の巻に該当するので、呉国に関することは排除したのかもしれないが、この太伯の後裔の項も金印の項も『呉書』にも記載されていない。繰り返すと、この例でわかるように、陳寿は、「魏志倭人伝」に、当時、後漢、魏、西晋と継承して来たはずの倭国に関する情報の全てを記載しているわけではないのだ。

四、倭国に対し魏は、冊封対象国の適否を判断する現地調査と冊封後の監査を行っている。二三八年か二三九年に、魏は倭国の卑弥呼を倭王と認めて、「親魏倭王」の金印紫綬を授けた。この金印授受は、前述のとおり、魏と倭国とが同盟を結んだ証だ。「東夷伝」の中に登場する七か国の中で、魏から金印紫綬を授かったとあるのは倭国だけである。だから、魏も前漢に習ってか冊封（同盟）を結ぶ前に、倭国を綿密に現地調査した。それが「倭人伝」に記述されている倭国の地理志であり、産地産物であり倭国内諸国の行政体制などである。冊封後も卑弥呼の死亡、その後の乱れ、壱与の邪馬台国王即位などの記録は、冊封後に、魏使が複数回にわたって倭国に来て魏へ報告したので記録として残っているわけだ。

五、「水行」という言葉は、内陸部の河川や湖沼など内陸部での移動時に使われた言葉で、海を航行するときには使わない。このことの根拠については、拙著『安曇族と住吉の神』（龍鳳書房　二〇一二年）と『弥生時代を拓いた安曇族』（龍鳳ブックレット　二〇一三年）に記したので省略する。

食糧の確保

時代を問わず、人は食べないと生命を維持できない。だから、古代史で前景として現れる諸事象には、どうやって食糧を確保したのかが、背景として絡んでくる。事例としての適否は別に、前景の例としては広く知られている元軍が攻めて来た元寇すなわち、一二七四年の文永の役がある。この歴史事例については、前掲拙著『安曇族と住吉の神』に次のように書いた。

食糧補給を陸地に求めねばならない船は、食糧の積載量が制限されるから、補給がなければちょうど兵糧攻めに遭っている状態にある。大小合わせて九〇〇隻の船に三万人を乗せて博多湾へ押し寄せた元軍は、三万人分の食料を確保しなければ戦えない。食糧が少ない対馬や壱岐などの島民がもっている少ない食糧を奪っても、短時間で食い尽くしてしまう。だから、食糧備蓄量が多い屯倉（食糧庫）を備える那の津（福岡）で食糧を補給しなければ、先へ進めないという事情があった。

元軍は、十月二十日（現在の十一月四日）に、日本軍が抵抗する中で一戦交えて、一方的な勝利収めたにもかかわらず、翌日一斉に引き上げている。なぜ引き上げたのかについては、台風に襲われた神風説や日本を脅すだけが所期の目的であったという説などもある。だが、これを食糧の確保という背景に照らしてみると、たとえば、元軍が船に一か月分の水や食糧を積んでいたのであれば、朝鮮半島の合浦を十月三日に出て、博多湾を引き上げた一月二十一日までで一九日、帰りに七日要するものとして計算すると都合二六日の航海になる。

博多での戦いで、負けたとは言え日本軍の抵抗が元軍にとって予期したより強く、短時間で屯倉を奪うことができず、戦いが長引けば食糧不足になる。もし帰路の食糧まで食い尽くしても屯倉が手に落ちない場合、食糧難を基に船内に争いが起きて、自滅する危険性がある。一日だけの戦いで日本軍の抵抗を測ることが出来たので、怪我しない内に退散したという事情も考えられる。

ところが、古代史の記録でお目にかかる食糧確保に関する記述は少ない。第二章の「東北地方と安曇族」で『日本書紀』から転載した「六六六年（天智天皇五年）、百済の男女二千人を東国に住まわせ、国費で三年間食を賜る。」の記述は珍しい記録と言える。弥生時代の始まりを考えるとき、日本列島に渡って来た弥生人は、その日から食糧確保との戦いである。野山や海川から手に入る食糧を確保することはもちろんだが、お米の生産が軌道に乗るまでの間、それだけでは食糧不足になることは多々あったはずだ。では、食糧を如何にして確保したのか。六六六年の百済人に対する食糧補給と同じような救済策が、初期水田適地への入植者へも実施された可能性がある。それには操船に長けた海人の安曇族が海川を伝って活躍したという背景がある。その背景に照らして始めて水田稲作の普及速度が理解できるかと思う。

航海については、造船技術とそれに必要な素材や道具が絡んでくるが、古代史の背景として、常に海の流れ、風の影響が深くかかわっている。地図を広げても、これらの背景はわからないので、前景だけを考えて、朝鮮半島から北部九州へ飛び石伝いに渡って来たなど、名だたる歴史研究者が述べているようでは古代史研究も浅はかな結論に達するだけだ。そのことを憂慮して、本章では古代史は前景を背景を照らして見ることの大切さを提唱するために一石投じてみたが、いかがだろうか。なお、海の流れについては別途拙著で紹介しているので本章では省いた。

あとがき

この龍鳳ブックレットは、これまで得た知見を基にした項と新たに調べた主題を織り交ぜてページ数を抑え、できるだけ読みやすい文の三～四章で構成する企画で進めている。主題は調べが入るから時間がかかる。ブックレット二号は、当初「長野県安曇野市と安曇族のかかわり」を主題にする考えで取り組んでかなり書き進んでいた。ところが、長野市の大室石積古墳の対照に福岡県新宮町の相島石積古墳を自分の目で見た後に書き上げたいと思い、相島に出かける機会を待って一時中断した。その間、「安曇族研究会」の安住修会員からの提案を受けた形で、鳥取県智頭町の安住苗字を探りだした。安住苗字を追いかけているうちに、「東北地方と安曇族とのかかわり」に課題が進展し、結果的には、これが主題になってしまった。

鳥取県智頭町の安住苗字の集落を訪ねる単純なことから始まって東北地方の安曇族へと、調べが進めば進むほど複雑化して行く過程は、学生時代に学んで実感が湧かなかったエントロピー（熱力学第二法則）が六〇年ほど経ってようやく実感できた気がした。

この「東北地方と安曇族」が安住氏の求める答えになったかどうかは、はなはだ疑問だが、もう一人の「安曇族研究会」秋月朋浩会員の要望に曲がりなりにも応えることになったかと思う。それは、「安曇族研究会」に加入する際、事務局が加入者へ加入動機などを問いかけた。その回答の中に、宮城県石巻にお住いの秋月氏から、父方の祖母が安住苗字だから安曇族と関係があると思うが、先祖がどうして九州の福岡市東区の志賀島から東北の宮城県に来たのかわからない。ぜひ研究課題にして欲しいという要望をもって「安曇族研究会」に入会した、というのだ。このブックレットの第二章の「東北地方と安曇族」で秋月氏の要望の答えになったとは言えないが、安住会員の提案が曲がりなりにも秋月会員の課題に応じる形になった。

このように、会員が、現場から課題を投げかけ、それに興味や共感をもった人が取り組んで応じる、こんなことは、「安曇族研究会」という小さな組織でもできる。もっとも、古代史に取り組んでいる学者などの研究者も関係学会などを通じて同じようなことをやっているのだろうが、市井の会員が全国各地の現場からの声を出し、それに会員が応えて行くことから出て来る相乗効果は大きいし、また、面白いことである。この龍鳳ブックレット二号を出すに当たって、そんなことを思った。

なお、「安曇野と安曇族」や「東北地方と安曇族」を調べて行く過程で得た雑多なことを執筆者のツイッター（制限一四〇文字）に気が向いた時アップしている。「安曇族研究会」で検索すると亀山勝「安曇族研究会」と出て来るので興味があったらご覧いただきたい。

筆者は、これまで電車や船、それに車で東北地方に何度か足を運んでいる。と言っても、当時は安曇族とかかわりがあるかもしれない地名の地を訪ねることが目的で、アヅミ系苗字という課題をもっていなかった。二〇〇二年八月に、車で岩沼市の志賀を訪ね、松島湾を見渡せる宿に泊まって、翌日小牛田町の志賀、そこから山形県温海町、新潟県の関川村に行った。これはアヅミ地を探索するための車を使った旅だった。だから、アヅミ系苗字の集落や金の産出地、それに奥羽山脈の峠越えなどを訪ねていない。

そうかと言って、現状の体力で再度自分が車を運転して訪ね回るには自信がない。今思うと、あの時訪ねていればのレバになってしまった。残念だが、いたしかたがない。

二〇一五年五月六日箱根大涌谷に避難指示、二十九日口永良部島噴火。三十日四年前に津波被害を受けた仙石線が全線復旧の朗報。九月一日桜島噴火。九月十四日阿蘇山噴火。

改めて自然の恐さを知る　亀山　勝

参考文献

新井白石『奥羽海運記』（江戸・山城屋佐兵衛　一八四八年）

池内　宏『満州史研究』（一九七七年　吉川弘文館）

石井進ほか『日本史広辞典』（山川出版社　一九九七年）

石原道博『新訂・魏志倭人伝』岩波文庫　一九五一年）

伊藤　廣『屯田兵村の百年』（北海道新聞社　一九七九年）

井上光貞『日本の歴史　第三巻─飛鳥の朝廷─』（一九七四年　小学館）

井上孝夫「古代採鉱民族の構成」（『下関市立大学論集36』　一九九二年）

宇治谷孟『日本書紀』現代語訳（講談社学術文庫　一九九八年）

〃　『続日本紀』現代語訳（講談社学術文庫　一九九五年）

梅原　猛『古事記』現代語訳（学研文庫　二〇〇一年）

浦林竜太『日本人はるかな旅4』（NHK出版　二〇〇一年）

大谷光男『日本古代史研究と金印』（福岡市立歴史資料館　一九八四年）

大林太良『海の神話』（講談社学術文庫　一九九三年）

亀山　勝『弥生時代を拓いた安曇族』（龍鳳ブックレット　二〇一三年）

〃　『安曇族と徐福』（龍鳳書房　二〇〇九年）

〃　『安曇族と住吉の神』（龍鳳書房　二〇一二年）

楠原祐介ほか『古代地名語源辞典』（東京堂出版　一九八一年）
倉野憲司『古事記』校注（岩波文庫　一九九七年）
司馬遼太郎『街道をゆく二七』（朝日文庫　二〇〇九年）
鈴木　治『白村江』（学生社　一九七二年）
鈴木舜一「天平の産金地陸奥小田郡の山」（『地質学雑誌』114―5　二〇〇八年）
須藤　隆「弥生時代の東北地方」（『宮城考古学2』　二〇〇〇年）
高橋富雄『東北の歴史と開発』（山川出版社　一九七三年）
谷川健一『古代海人の謎』（海鳥ブックス　一九九一年）
菊池安達『石之巻圖幅地質説明書』（農商務省地質調査所　一八九二年）
直木孝次郎『日本古代の氏族と国家』（吉川弘文館　二〇〇五年）
〃　『古代日本と朝鮮・中国』（講談社学術文庫　一九八八年）
永留久恵『対馬風土記11』（対馬郷土史研究会　一九七四年）
丹羽基二『日本苗字大辞典』（芳文館　一九九六年）
三浦綾子『海嶺』（角川文庫　一九八六年）
村田晃一「飛鳥・奈良時代の陸奥近辺―移民時代―」（『宮城考古学2』　二〇〇〇年）
森　克己『遣唐使』（至文堂　一九五五年）

龜山　勝

略歴

1938年　福岡県生まれ
1964年　水産大学校増殖学科卒業
　　　　神奈川県水産試験場勤務
　　　　　　同　　　　指導普及部長
神奈川県漁業無線局長
全国海区漁業調整委員会連合会事務局長
神奈川県漁業協同組合連合会考査役
東京湾水産資源生態調査委員など歴任
現在、漁村文化懇話会会員
(財)柿原科学技術研究財団監事

著書

『おいしい魚の本』(1994)(株)河合楽器製作所出版事業部
『漁民が拓いた国・日本』(1999)(財)東京水産振興会
『安曇族』(2004)(株)郁朋社
『安曇族と徐福』(2009)(有)龍鳳書房
『安曇族と住吉の神』(2012)(有)龍鳳書房
『弥生時代を拓いた安曇族』(2013)(有)龍鳳書房
『肥後もっこすと熊本バンド』(2014)(有)龍鳳書房

共著

『漁村の文化』(1997)漁村文化懇話会
『古代豪族のルーツと末裔たち』(2011)新人物往来社

龍鳳ブックレット
弥生時代を拓いた安曇族II

二〇一五年十一月二十五日　第一刷発行

著者　龜山　勝
発行人　酒井春人
発行所　有限会社 龍鳳書房
〒三八一－二二四三
長野市稲里一－五－一　北沢ビル
電話　〇二六－二八五－九七〇一
印刷　有限会社 太河舎

定価は裏表紙に表示してあります

ISBN978-4-947697-53-0
C0021

「安曇族研究会」

創設：2012 年 8 月

主旨：安曇族をはじめ宗像族、阿多族など日本古代史にかかわった古代海人の活動に焦点を当てた調査研究。

入会資格：主旨に賛同する人・全国地域指定なし。

会員：古代海人の活動に興味をもつ人

活動：勉強会（年４回）・現地見学（年１回）・講演会（年２回）・会報発行（年２回）・会誌『古代海人族研究』発行（年１～２回）・書籍紹介・会員間及び他研究会との交流

年会費：3,000 円（個人）

払込先：郵便振替 No.00510-2-62664「安曇族研究会」宛（振替手数料無料）

事務局：〒 381-2243 長野市稲里１－５－１北沢ビル　龍鳳書房内
TEL026-285-9701　FAX026-285-9703
http://adumizoku.naganoblog.jp/